中国非洲研究院文库·学术译丛

谢赫·安塔·迪奥普的政治思想

La pensée politique de Cheikh Anta Diop

[刚果（布）] 若泽·多·纳西门托 / 著
（José Do Nascimento）
李洪峰 / 译

中国社会科学出版社

图字：01－2022－0628 号

图书在版编目（CIP）数据

谢赫·安塔·迪奥普的政治思想／（刚果）若泽·多·纳西门托著；李洪峰译．—北京：中国社会科学出版社，2024.1

（中国非洲研究院文库．学术译丛）

ISBN 978－7－5227－2622－9

Ⅰ.①谢…　Ⅱ.①若…②李…　Ⅲ.①谢赫·安塔·迪奥普—政治思想—研究

Ⅳ.①D094.64

中国国家版本馆 CIP 数据核字(2023)第 181915 号

出 版 人　赵剑英
责任编辑　范晨星
责任校对　李　锦
责任印制　王　超

出　　版　中国社会科学出版社
社　　址　北京鼓楼西大街甲 158 号
邮　　编　100720
网　　址　http://www.csspw.cn
发 行 部　010－84083685
门 市 部　010－84029450
经　　销　新华书店及其他书店

印　　刷　北京君升印刷有限公司
装　　订　廊坊市广阳区广增装订厂
版　　次　2024 年 1 月第 1 版
印　　次　2024 年 1 月第 1 次印刷

开　　本　710×1000　1/16
印　　张　9.25
插　　页　2
字　　数　122 千字
定　　价　48.00 元

《中国非洲研究院文库》编委会名单

充分发挥智库作用　助力中非友好合作

——《中国非洲研究院文库总序言》

当前，世界之变、时代之变、历史之变正以前所未有的方式展开。一方面，和平、发展、合作、共赢的历史潮流不可阻挡，人心所向、大势所趋决定了人类前途终归光明。另一方面，恃强凌弱、巧取豪夺、零和博弈等霸权霸道霸凌行径危害深重，和平赤字、发展赤字、治理赤字加重，人类社会面临前所未有的挑战。

作为世界上最大的发展中国家，中国始终是世界和平的建设者、国际秩序的维护者、全球发展的贡献者。非洲是发展中国家最集中的大陆，是维护世界和平、促进全球发展的重要力量之一。在世界又一次站在历史十字路口的关键时刻，中非双方比以往任何时候都更需要加强合作、共克时艰、携手前行，共同推动构建人类命运共同体。

中国和非洲都拥有悠久灿烂的古代文明，都曾走在世界文明的前列，是世界文明百花园的重要成员。双方虽相距万里之遥，但文明交流互鉴的脚步从未停歇。进入 21 世纪，特别是中共十八大以来，中非文明交流互鉴迈入新阶段。中华文明和非洲文明都孕育和彰显出平等相待、相互尊重、和谐相处等重要理念，深化中非文明互鉴，增强对彼此历史和文明的理解认知，共同讲好中非友好合作故事，为新时代中非友好合作行稳致远汲取历史养分、夯实思想根基。

中国式现代化，是中国共产党领导的社会主义现代化，既有各国现代化的共同特征，更有基于自己国情的中国特色。中国式现代化，深深植根于中华优秀传统文化，体现科学社会主义的先进本质，借鉴吸收一切人类优秀文明成果，代表人类文明进步的发展方向，展现了不同于西方现代化模式的新图景，是一种全新的人类文明形态。中国式现代化的新图景，为包括非洲国家在内的广大发展中国家发展提供了有益参考和借鉴。近年来，非洲在自主可持续发展、联合自强道路上取得了可喜进步，从西方眼中"没有希望的大陆"变成了"充满希望的大陆"，成为"奔跑的雄狮"。非洲各国正在积极探索适合自身国情的发展道路，非洲人民正在为实现《2063 年议程》与和平繁荣的"非洲梦"而努力奋斗。中国坚定支持非洲国家探索符合自身国情的发展道路，愿与非洲兄弟共享中国式现代化机遇，在中国全面建设社会主义现代化国家新征程上，以中国的新发展为非洲和世界提供发展新机遇。

中国与非洲传统友谊源远流长，中非历来是命运共同体。中国高度重视发展中非关系，2013 年 3 月，习近平担任国家主席后首次出访就选择了非洲；2018 年 7 月，习近平连任国家主席后首次出访仍然选择了非洲；6 年间，习近平主席先后 4 次踏上非洲大陆，访问坦桑尼亚、南非、塞内加尔等 8 国，向世界表明中国对中非传统友谊倍加珍惜，对非洲和中非关系高度重视。在 2018 年中非合作论坛北京峰会上，习近平主席指出："中非早已结成休戚与共的命运共同体。我们愿同非洲人民心往一处想、劲往一处使，共筑更加紧密的中非命运共同体，为推动构建人类命运共同体树立典范。"2021 年中非合作论坛第八届部长级会议上，习近平主席首次提出了"中非友好合作精神"，即"真诚友好、平等相待，互利共赢、共同发展，主持公道、捍卫正义，顺应时势、开放包容"。这是对中非友好合作丰富内涵的高度概括，是中非双方在争取民族独立和国家解放的历史进程中培育的宝贵财富，是中非双方在发展振兴和团结协作的伟大征程上形成的重要风范，体现了友好、平等、共赢、正义的鲜明特征，是新型国际关系的时代标杆。

随着中非合作蓬勃发展，国际社会对中非关系的关注度不断提高。一方面，震惊于中国在非洲影响力的快速上升；一方面，忧虑于自身在非洲影响力的急速下降，西方国家不时泛起一些肆意抹黑、诋毁中非关系的奇谈怪论，诸如“新殖民主义论”“资源争夺论”“中国债务陷阱论”等，给发展中非关系带来一定程度的干扰。在此背景下，学术界加强对非洲和中非关系的研究，及时推出相关研究成果，提升中非双方的国际话语权，展示中非务实合作的丰硕成果，客观积极地反映中非关系良好发展，向世界发出中国声音，显得日益紧迫和重要。

以习近平新时代中国特色社会主义思想为指导，中国社会科学院努力建设马克思主义理论阵地，发挥为党和国家决策服务的思想库作用，努力为构建中国特色哲学社会科学学科体系、学术体系、话语体系作出新的更大贡献，不断增强我国哲学社会科学的国际影响力。中国社会科学院西亚非洲研究所是遵照毛泽东主席指示成立的区域性研究机构，长期致力于非洲问题和中非关系研究，基础研究和应用研究双轮驱动，融合发展。

以西亚非洲研究所为主体于 2019 年 4 月成立的中国非洲研究院，是习近平主席在中非合作论坛北京峰会上宣布的加强中非人文交流行动的重要举措。自西亚非洲研究所及至中国非洲研究院成立以来，出版和发表了大量论文、专著和研究报告，为国家决策部门提供了大量咨询报告，在国内外的影响力不断扩大。遵照习近平主席致中国非洲研究院成立贺信精神，中国非洲研究院的宗旨是：汇聚中非学术智库资源，深化中非文明互鉴，加强中非治国理政和发展经验交流，为中非和中非同其他各方的合作集思广益、建言献策，为中非携手推进“一带一路”高质量发展、共同建设面向未来的中非全面战略合作伙伴关系、构筑更加紧密的中非命运共同体提供智力支持和人才支撑。

中国非洲研究院有四大功能：一是发挥交流平台作用，密切中非学术交往。办好三大讲坛、三大论坛、三大会议。三大讲坛包括“非洲讲坛”“中国讲坛”“大使讲坛”，三大论坛包括“非洲留学生论坛”“中非学术翻译论坛”“大航海时代与21世纪海峡两岸学术论坛”，三大会议包括“中非文明对话大会”“《（新编）中国通史》和《非洲通史（多卷本）》比较研究国际研讨会”“中国非洲研究年会”。二是发挥研究基地作用，聚焦共建“一带一路”。开展中非合作研究，对中非共同关注的重大问题和热点问题进行跟踪研究，定期发布研究课题及其成果。三是发挥人才高地作用，培养高端专业人才。开展学历学位教育，实施中非学者互访项目，扶持青年学者和培养高端专业人才。四是发挥传播窗口作用，讲好中非友好故事。办好中国非洲研究院微信公众号，办好中英文中国非洲研究院网站，创办多语种《中国非洲学刊》。

为贯彻落实习近平主席的贺信精神，更好汇聚中非学术智库资源，团结非洲学者，引领中国非洲研究队伍提高学术水平和创新能力，推动相关非洲学科融合发展，推出精品力作，同时重视加强学术道德建设，中国非洲研究院面向全国非洲研究学界，坚持立足中国，放眼世界，特设“中国非洲研究院文库”。“中国非洲研究院文库”坚持精品导向，由相关部门领导与专家学者组成的编辑委员会遴选非洲研究及中非关系研究的相关成果，并统一组织出版。文库下设五大系列丛书：“学术著作”系列重在推动学科建设和学科发展，反映非洲发展问题、发展道路及中非合作等某一学科领域的系统性专题研究或国别研究成果；“学术译丛”系列主要把非洲学者以及其他方学者有关非洲问题研究的学术著作翻译成中文出版，特别注重全面反映非洲本土学者的学术水平、学术观点和对自身发展问题的见识；“智库报告”系列以中非关系为研究主线，中非各领域合作、国别双边关系及中国与其他国际角色在非洲的互动关系为支撑，客观、准确、翔实地反映中非合作的现状，为新时代中非关系顺利发展提供对策建议；“研究论丛”系列基于国际格局新变化、中国特色社会主义进入新时代，集结中国专家学者研究非洲政治、经济、安全、社会发展等方面的重大问题和非洲国际关系的创新性学术论文，具有基础性、系统性和标志性研究成果的特点；“年鉴”系列是连续出版的资料性文献，分中英文两种版本，设有“重要文献”“热点聚焦”“专题特稿”“研究综述”“新书选介”“学刊简介”“学术机构”“学术动态”“数据统计”“年度大事”等栏目，系统汇集每年度非洲研究的新观点、新动态、新成果。

期待中国的非洲研究和非洲的中国研究在中国非洲研究院成立新的历史起点上，凝聚国内研究力量，联合非洲各国专家学者，开拓进取，勇于创新，不断推进我国的非洲研究和非洲的中国研究以及中非关系研究，从而更好地服务于中非高质量共建“一带一路”，助力新时代中非友好合作全面深入发展，推动构建更加紧密的中非命运共同体。

中国非洲研究院

2023 年 7 月

目　录

前　言

政治思想是一个思考场域。它研究的是国家如何组织以及国家内部权力如何行使的问题。因此，政治思想涉及的内容包括：政府、政体和政治制度的类型、政治行为体之间的竞争以及经济、卫生和社会体系的组织。

但政治思想也可以拥有更大的维度。它可以从社会历史主动性能力（即创造力、发明力和创新力）的角度，探讨一个社会在过去、现在和未来如何创造自身生存所需的物质和非物质条件。在危机时期，即在受到衰退因素影响时，一个社会需要思索如何找到有效的解决方案，从历史的熵增定律中解放自我，这就属于政治思想探讨的范畴。

在本书中，我们将政治思想定义为：从一个社会的历史主动性能力的角度对其未来所进行的思考。政治思想旨在对国家的过去、现在和将来进行批判分析。这是围绕国家所进行的批判性、前瞻性、规范性和指导性的思考。因此，政治思想要求其践行者超越历史事件的洪流，与时俱进，提出指导方针，令一个社会能够有效地把握自己的未来。

从这个角度来看，我们似乎很难否认，前瞻性政治思想在当代非洲是很罕见的。人们更常见到的是社会活动者或革命者空洞的辞藻论战，其后果仅仅是引发民众心中的怒火，而最终现实的重压仍会将他们推回到饱受自身历史束缚的旁观者的位置上。

非洲前瞻性政治思想的稀缺无疑是源于日常的苦难。人们忙于应对各种紧急情况，采取的措施仅仅是扬汤止沸。然而，也有一些非洲人成功地超越了应对日常急难的局限，从前瞻性和规范性的角度思考未来。

他们当中最杰出的当数谢赫·安塔·迪奥普（Cheikh Anta Diop，以下简称“迪奥普”）①。他的政治思索始于殖民时期，却聚焦于去殖民化后非洲社会的未来。他的政治思想充满睿智之光。在广度方面，迪奥普的思考涉及经济、教育、政治制度、文化和科技等方面；在质量方面，他的政治思想没有建立在教条主义或意识形态之上，而是建立在科学的基础之上。

可能有人会感到讶异，迪奥普主要以其历史学成就而出名，而本书却探讨其政治思想。这种讶异其实是由于对迪奥普的作品缺乏了解导致的，不过产生这个误解也情有可原，因为整体把握迪奥普的作品并不容易。读懂迪奥普需要有一定的跨学科教育基础，否则无法对其作品进行评价性阅读。迪奥普的作品包括科学的论述和政治学的论述，而二者之间联系密切。因此他的作品很复杂，需要在科学论述和政治论述之间进行辨析，并建立关联。换句话说，只有对其科学话语和政治话语进行整体性阅读，或者说是包容性阅读，才能体会到迪奥普著述的智慧。

这就是为什么不仅要从科学批评的角度，而且要从政治哲学的角度来阅读迪奥普的作品。只有从政治哲学的角度，我们才能把握迪奥普作品的政治之峰。当我们攀缘而上，就会发现这样一种思想：它从对非洲现实的科学分析出发，提出政策建议，以推动后殖

① 除了迪奥普，还有其他政治思想家：夸梅·恩克鲁玛（Kwamé Nkrumah）、阿米卡尔·卡布拉尔（Amilcar Cabral）、朱利叶斯·尼雷尔（Julius Nyerere）、卡·玛纳（Ka Mana）、玛西恩·托瓦（Marcien Towa）、纪尧姆·庞布·奇文达（Guillaume Pambou Tchivounda）。

民时代的非洲社会走向现代非洲的未来[①]。换句话说，从政治哲学的角度来阅读迪奥普的作品，就打开了我们理解迪奥普政治思想的大门。

几内亚学者多兰克·阿西法特·迪亚塞尼（Dorank Assifat Diasseny）如此评价迪奥普："……这位杰出的非洲学者并不满足于探索过去，寻找证据，重新确立在人类共同遗产形成过程中黑人为古埃及文明做出的贡献；他还修复了非洲人的记忆，那些出于意识形态动机而赋予法老文明以白人文明性质的人曾故意掩盖这些记忆，他让非洲有理由相信和期待自己的未来和命运。他在自己所有的著作中都阐述了自己的观点、信念和建议，特别是在《黑非洲联邦国家的经济和文化基础》（*Les fondements économiques et culturels d'un Etat fédéral d'Afrique noire*，以下简称《基础》）一书中。"[②]

诚如迪亚塞尼所说，迪奥普所有的著作都或多或少地体现了其政治建议，但他在各种期刊发表的诸多文章同样详尽阐述了其政治思想。后来，迪奥普在《基础》一书中就此进行了综述。[③] 这本书与所有相关论文共同构成了迪奥普作品的政治之峰，构成了其政治思想的大厦。

迪奥普的政治思想著述大多书写于20世纪50年代和60年代，即去殖民化之前。这意味着这些著作带着时代背景的印记，必须结合时代背景进行阅读，才能掌握蕴含在其中的智慧。[④] 我们发现，迪奥普的政治思想和黑人精神（la Nérgitude）文学运动相反，它既

---

① 关于现代性的概念，详见本书作者所著《非洲现代性之路》第二部分第二章。Jose Do Nascimento, *Les Chemins de la modernité en Afrique*. L'Harmattan, Paris, 2017。

② Dorank Assifat Diasseny, Les fondements philosophiques de la problématique culturelle et politiques de Cheikh Anta Diop, *Présence Africaine*, N°149/150, 1991, p. 134.

③ Cheikh Anta Diop, *Les fondements culturels, techniques et industriels d'unfutur Etat fédéral d'Afrique noire*, Paris, Présence Africaine, 1960. 再版时书名改为：*Les fondements économiques et culturels d'un Etat fédéral*。

④ 关于背景解读，详见本书作者所著《非洲现代性之路》第一部分。

不是源自非洲复仇民族主义，也不是源自寻求人类学认可的争论。①

我们认为，他的思想源于一种几乎没有人能意识到的前瞻性政治规划。在殖民的时代背景下，迪奥普致力于预测未来非洲国家在去殖民化后将遭遇的问题。为此，迪奥普明确了自己的目标：首先，要探讨未来独立的非洲国家在去殖民化后将面临的主要问题；其次，制订有效的方案来解决这些问题。所以迪奥普认为，应提出一种能够预测并解决去殖民化后非洲新独立国家所面临困难的政治思想。

前瞻性的努力正是迪奥普政治思想的鲜明特征。我们记得，早在20世纪50年代，迪奥普就提出了在萨赫勒地区植树造林的设想，以防止荒漠化的蔓延。实际上，迪奥普认为，有必要预见哪些是非洲独立后可以让非洲人民有效地重获主权的先决条件。但迪奥普所思考的主权并不是国际公法意义上的主权，即领土独立和国际法律人格。迪奥普探讨的是国内公法意义上的主权：在经济、政治、文化、语言、技术、科学和军事层面对国家空间的有效掌控。因此，迪奥普的主权概念是全面的，即不限于对外主权（领土独立和国际法律人格），而是扩展到对内主权（在经济、政治、文化、语言、技术、科学和军事层面对国家空间的有效掌控）。

那么就出现了一个问题：迪奥普不朽的科学著作对于恢复全面主权的政治计划而言有何意义？对于全面阅读过迪奥普作品的人来说，答案显而易见。当我们全面阅读了他的作品，就不难发现迪奥普科学著作的存在价值：为其政治计划奠定坚实的基础。因此，我们只有全面阅读迪奥普的作品才能真正地理解他的政治思想。

---

① 关于将黑人精神文学运动作为寻求人类学认可的分析，可参阅 Martien Towa，Léopold Sédar Senghor，*Négritude ou servitude*，CLE，Paris，1976。

非洲独立60年后的今天，我们得以有充分的时间差对非洲社会后殖民时代的道路进行批判性审视。众所周知，发展政策决定了非洲所走的道路，而非洲的道路背离了迪奥普的政治思想，它使非洲在政治、经济、教育、技术、科学和军事等领域不幸地陷入僵局。[①] 那么，假如非洲国家遵循了迪奥普的政治方针，其去殖民化的道路会不一样吗?

按理说会不一样。非洲的发展政策建立在教条和意识形态的基础上，而迪奥普的解决方案则基于科学的分析。可以确定的是，迪奥普的建议与发展政策倡导的方向截然相反，而后者的失败引发了有利于迪奥普建议的效能推定。最重要的是，在当前的国内国际背景下，迪奥普的政治思想并未过时。[②]

迪奥普政治思想提出的建议，给后殖民时代非洲社会面临的问题带来了理性的解决方案。显然，这些建议本可让非洲国家避免陷入发展政策带来的困局。这也意味着，为了打破后殖民时代的困局，我们需要回溯迪奥普的政治思想，并落实他的建议。

这就是我写这本书的动因，我要呈现的正是迪奥普的政治思想。我们希望非洲和非裔青年能够认清并远离将非洲社会带入困局的发展主义话语。[③]

迪奥普在《基础》一书中写道："非洲问题研究进行了很多年，现在到了进行务实结论的时候，要尽可能清晰地归纳和表述研究结论，以便更好地运用。"迪奥普建议从空谈走向实践。这条建

---

① 关于非洲的困境，可参阅 Grellet Gérard，La fin des modèles，in *Le Monde* du 1er novembre 1988；Samir Amin，*La faillite du développement en Afrique et dans le tiers-monde*，L'Harmattan，Paris，1989；Gérard Azoulay，*Les théories du développement：du rattrapage des retards à l'explosion des inégalités*，Les Presses Universitaires de Rennes，Rennes，2002。

② 可参阅 Jose Do nascimento，Sur la portée opératoire de l'œuvre de Cheikh Anta Diop，pp. 286－298；*Nomade Revue culturelle*，n° spécial 1－2，Cheikh Anta Diop，Paris，1989；Jose Do nascimento，Actualité de la pensée politique de Cheikh Anta Diop，*Tribune africaine*，N°1，1983。

③ 有关发展范式的困局及解构，详见本书作者所著《非洲现代性之路》第三部分。

议尤其适用于第二次世界大战后出生的几代人。这几代人受益于前辈所思考和制订的解决方案，以推动后殖民时代的非洲社会走向现代非洲的未来。他们需要做的只是应用这些解决方案。在前人的思想中，最适用和最具操作性的就是迪奥普政治思想的主要内容。这就是为什么非洲青年和非裔青年不应忽视迪奥普的政治思想，这一知识源泉是他们创造现代未来的支点。

为了界定迪奥普的政治思想，本书将对迪奥普曾阐述过的主要政治议题进行梳理。[①] 在明确这些议题之后，本书将结合迪奥普作品的原文，来呈现迪奥普的观点。本书采用的结构旨在将迪奥普政治思想与其产生的时代背景相呼应。我们首先分析迪奥普作品的影响，然后探究迪奥普政治思想的根源及其智识基础，最后按照理性和逻辑的顺序，阐述构成迪奥普政治思想的政治主张。

---

① 本书研究内容仍不完整，有些政治议题迪奥普也有提及，但因未能获得相关文献而没有纳入研究。

第一章

迪奥普作品的时代回响

本章将探讨迪奥普作品的接受问题。如果我们不先对他的作品在大众尤其是在学术界引发的回响及其现实意义进行思考，就无法对其政治思想开展研究。

因此，本章将通过以下四个方面去了解其作品的影响：迪奥普与非洲青年、迪奥普与学术界、迪奥普与政治哲学，以及迪奥普在自然科学研究和政治研究之间的求索。

一 迪奥普与非洲青年

事实证明，20世纪80年代以来，非洲青年和海外非裔青年正在越来越多地关注到迪奥普的作品，并产生了越来越浓厚的兴趣。在非洲和海外组织的关于迪奥普作品的研讨会数不胜数，为非洲和非裔青年开设的埃及象形文字课程数量繁多。迪奥普的作品通过呈现非洲政治、法律、文化、宗教、哲学、科学和艺术遗产，唤醒了非洲人和海外非裔的历史意识，海外非裔法语人士，如科维·雷克米雷（Coovi Rekhmirê）、约波雷卡·索麦（Yoporeka Somet）、阿玛·马扎马（Ama Mazama）、莫雷非·科特·阿桑特（Molefi Kete Assante）、卡拉拉·奥莫敦德（Kalala Omotunde）、扎里萨·塞克麦（Jhalyssa Sekhmet）以及其他很多人都通过视频、课程和研讨会为传播这一遗产做出了卓越的努力。[①]

毫无疑问，非洲青年及海外非裔青年在学习迪奥普的作品。但对事实的观察也表明，这些年轻人只关注迪奥普作品的某一个方面，却忽视了其他方面。他们关注其作品的历史主题部分，特别是关于法老时期埃及人黑人血统起源的论述。这种关注是可以理解的，也是合理的，其根源在于以欧洲为中心的非洲史版本所具有的象征性暴力，非洲和西方、美洲和加勒比的媒体、学校和学术机构不断向非洲及非裔青年施加这种暴力。然而，年轻人也必须了解迪奥普作品的其他内容。例如，迪奥普的政治思想，特别是他对所需采取的建设性政策所做出的贡献，这些政策的目标是将非洲组织成为一个公共自由、物质繁荣、精神祥和、科技进步的社会。[②]

迪奥普的政治思想是非洲和海外非裔青年尚不了解的侧面。从这个角度来看，迪奥普的作品仍然有待被全面地发现，它涵盖精确科学和人文社会科学领域。[③] 只要阅读了他《文明或野蛮》（*Civilisation ou Barbarie*）一书的第 16 章，以及他关于古生物学[④]、非洲能源问题[⑤]或当代哲学重大危机[⑥]的文章，就可以确信：迪奥普既

---

① 在英语国家与地区也应开展类似的传播工作，语言差异不应成为在非洲文化圈传播知识的障碍。

② 关于这个问题，可参阅 Jose Do nascimento，Sur la portée opératoire de l'œuvre de Cheikh Anta Diop，pp. 286 – 298，*NomadeRevue culturelle*，n° spécial 1 – 2，Cheikh Anta Diop，Paris，1989。

③ 关于迪奥普在人文社会科学和精确科学领域产出的所有成果，包括文章、书籍和会议发言等，可访问网站 sheikhantadiop. net。

④ 可参阅 CheikhAnta Diop，L'apparition de l'homosapiens，*Bulletin de l'IFAN*，tome XXXII，série B，n° 3，1970。该文为迪奥普于 1969 年 9 月 2 日—5 日联合国教科文组织在巴黎主办、波尔多科学院教授博尔德（F. Bordes）组织的研讨会上就“现代人的出现”所作的综述。

⑤ 可参阅迪奥普于 1985 年 4 月 20 日—30 日在金沙萨举行的“科学、技术和非洲发展—非洲未来”国际研讨会上的发言，后发表于期刊，参见 *Jeune Afrique Economie*，n°66，11 juillet 1985。

⑥ 可参阅 Cheikh Anta Diop，Philosophie，sciences et religion：Les crises majeures de la philosophie contemporaine. *Revue sénégalaise de Philosophie*，n°5 – 6，janvier-décembre 1984，pp. 179 – 199。该文为迪奥普于 1983 年 6 月 7 日—8 日在达喀尔大学期刊《塞内加尔哲学》（*Revue sénégalaise de Philosophie*）组织的“哲学与宗教”研讨会上的总结发言。

通晓精确科学①，也掌握人文社会科学②。在20世纪，如此跨学科的学者是非常罕见的。

众所周知，迪奥普为后世留下了多学科的作品，在整个文明史研究，特别是非洲的文明史方面，他为人文社会科学开辟了新的认识论视角。③ 20世纪90年代，非洲青年、加勒比和美国非裔青年逐渐学习了他的作品。它们一方面激励青年们在科学领域中依托历史证据重写非洲历史④，另一方面鼓励他们在文化领域重获历史意识⑤，从而摆脱认识论上的隶属、政治上的顺从、文化上的模仿以及价值观、利益和优先事项的外向效应，而这些都是非洲和西方教育体系中知识结构的组成部分——以欧洲为中心的非洲史版本向他们灌输的。

然而，必须指出的是，这些年轻人还没有在智识和政治行动中运用迪奥普的思想。在这一点上，他们对欧洲中心论的服从遮蔽且

---

① 20世纪50年代，迪奥普在巴黎的伏尔泰（Voltaire）高中和克劳德·伯纳德（Claude Bernard）高中作为助教讲授物理和化学课程。同年，他在由弗雷德里克·约里奥－居里（Frédéric Joliot-Curie）主持的法兰西学院核化学实验室和巴黎皮埃尔和玛丽·居里研究所（Institut Pierre et Marie Curie）攻读核物理专业。

② 该文为迪奥普在非洲文化协会和刚果（布）文化与艺术部1985年3月30日—4月5日联合在布拉柴维尔举办的纪念柏林会议（1884—1885）百年国际研讨会上的发言。Cheikh Anta Diop，Apport de l'Afrique à la civilisation universelle，*Actes du colloque international*：*Centenaire de la Conférence de Berlin* 1884－1885，Présence Africaine，1987，pp. 43－71。

③ 关于该问题可参阅 Pathé Diagne，*L'Afrique*，*enjeu de l'histoire Afrocentrisme*，*Eurocentrisme*，*Sémitocentrisme*，Editions L'Harmattan/Sankoré，Paris，2010；Théophile Obenga，*Cheikh Anta Diop*，*Volney et le Sphinx*，Présence Africaine/Khepera，Paris，1996，pp. 27－44。

④ 关于这个问题，可参阅科维·雷克米雷、约波雷卡·索麦、让—克洛德·博里（Jean-Claude Boli）、卡拉拉·奥莫敦德等以及所有年轻的非洲和非裔埃及学学者发表在《埃及学和非洲文明》（*ANKH*）期刊上的研究成果。也可参阅本书作者用意大利语所著的这本书：Jose do Nascimento，*Storia Del continente Africano*，*Una lettura razionale e sintetica*，QuiEdit，Verona，2015。

⑤ 比如卡拉拉·奥莫敦德在安第斯群岛为非裔青年组织的活动，以及阿玛·马扎马和莫雷非·科特·阿桑特主持下的"非洲中心性国际协会"（Afrocentricity international）所组织的发动非裔青年的活动。扎里萨·塞克麦（Jhalyssa Sekhmet）则在法国出版了儿童绘本版的非洲及海外非洲人历史，并组织了儿童研学工作坊。

妨碍了他们的智识敏锐性，这是他们所接受的教育造成的。[①] 例如，与发展范式有关的知识体系继续支配着这些年轻人的政治想象，尽管这一范式的两个基本命题（历史落后论和历史追赶论）与迪奥普对非洲历史的解读完全相反。

因此，我们在 2017 年出版了《非洲现代性之路》一书。这本书有两个功能。一方面，它使非洲和海外非裔青年能够从欧洲中心论的知识遗产的束缚中解脱出来。[②] 另一方面，它提供了一个新的知识体系，使之可以从规范、价值观、利益和优先事项自主的角度思考和创造自己的未来。[③] 这本书主要是为了让非洲青年认识到，非洲的发展范式和复兴范式不是一回事，两者完全是对立的。非洲青年通过阅读这本书将看到被欧洲中心主义的遗产所遮蔽的东西。换言之，迪奥普的著述为他们提供了前所未有的、具有可操作性的前景，使他们能够重新组织非洲社会，使之成为一个公共自由、物质繁荣、精神祥和、科技进步的社会。

在这里，我们呼吁非洲青年关注迪奥普作品对于政治的展望。青年们将发现，迪奥普的作品并不仅仅纠正了对非洲历史的歪曲，他还告诉人们，为了推动非洲社会走向现代非洲的未来，需要采取哪些政策。具体地说，青年们将发现，从本质上讲，迪奥普首先是一个思想家，他早在独立之前就提出了恢复非洲人民和国家真正主权和独立所必需的 12 个条件。这是非洲青年必须了解的 12 个条件，因为它们仍然具有时代意义。非洲各国政府现在必须将这 12 个条件作为政策落实，使非洲人民能够获得公共自由、物质繁荣、精神祥和以及科技进步的红利。

因此，我们写这本书是为了让非洲青年充分了解迪奥普的思想

---

① 关于欧洲中心论知识体系，可参阅《非洲现代性之路》一书第二部分。

② 可参阅《非洲现代性之路》一书第二和第三部分。

③ 可参阅《非洲现代性之路》一书第四部分。

改变物质和非物质生活条件的能力。通过阅读，非洲和非裔青年对于迪奥普的政治思想不只是重新发现，而是最终理解和掌握。

二　迪奥普与学术界

任何想从理性角度分析非洲问题的人都有必要了解迪奥普的作品。只有阅读他的著述，我们才能摆脱欧洲中心主义的陈词滥调和价值判断的影响，它们扭曲和模糊了对非洲现实的解读。

从表面上看，迪奥普的作品在历史证据中追寻非洲人历史轨迹，因此其首先是史学作品。[①] 所以不乏针对他作品的评论性阅读。但到目前为止，这种评论更多停留在意识形态层面，而不涉及科学层面。事实上，这种评论不是从科学评估的角度，而是从所谓作者心理的角度来衡量迪奥普的作品。因此，马克思主义学者在其作品中看到的是身份认同斗争，于是视其为厚古之作。自由主义学者则从中看到了民族主义斗争的表达，将之划入意识形态作品行列。

这都是令人遗憾的，因为科学方法和客观性要求在评判一部科学研究作品的时候，不能从作者心理假设出发，而是要比对印证事实与作者所运用的论据。迪奥普的批评者从来没有这么做过，其中包括20世纪60年代被视为最权威的法国高校非洲史学者：雷蒙德·莫尼（Raymond Mauny）、让·叙雷－卡纳尔（Jean Suret-Canale）、路易－樊尚·托马（Louis-Vincent Thomas）、让·德维斯（Jean Devisse）。关于这个问题，可以阅读迪奥普对他们的评论所作

① 关于此点，可参阅 Théophile Obenga, *Cheikh Anta Diop*, *Volney et le Sphinx*: *Contribution de Cheikh Anta Diop à l'historiographie mondiale*, Présence Africaine, Paris, 2000; Pathé Diagne, *L'Afrique*, *enjeu de l'histoire Afrocentrisme*, *Eurocentrisme*, *Sémitocentrisme*, L'Harmattan/Sankoré, Paris, 2010.

的逐点答复。[①] 迪奥普的反驳主要着眼于他们在非洲历史论据来源方面的欠缺，如在语言学和考古学领域。

正是因为缺乏论据，在接下来的十年中，即 20 世纪 70 年代，法国和法国以外的评论者倾向于对迪奥普的作品保持一种有组织的学术沉默，拒绝与之在科学批评领域进行交流。在这一时期，1974 年 1 月 28 日—2 月 3 日在开罗举行的专题讨论会是唯一的一次学术交锋。该会议是教科文组织应迪奥普本人的提议所组织的，主题是古埃及的人口问题和麦罗埃文字的破译，堪称世界埃及学的盛事。[②]

研讨会得出了两个主要结论。第一个结论涉及法老时代的埃及和今天的撒哈拉以南非洲人民之间的文化亲缘关系。在这次研讨会上，迪奥普和泰奥菲勒·奥本加的科学论证最终使所有与会者认识到，迪奥普关于古埃及和撒哈拉以南非洲之间存在文化亲缘关系的论点是有据可依的。与会者一致承认古埃及文化为非洲黑人文化。法国埃及学的两位杰出人物——维尔古特教授（Jean Vercoutter）和勒克朗教授（Jean Leclant）为此提供了佐证。在此次会议的记录中，维尔古特教授认为，“古埃及人在文字、文化和思维方式上都属于非洲人”，勒克朗教授则从埃及人的气质和思维方式中识别到了这种亲缘关系。

第二个结论涉及法老时期埃及人表型的黑皮肤特征。在这个问题上，分歧依然存在。令人惊讶的不是持续存在分歧，而是居然存在分歧，因为已经有确凿的证据证明古埃及人的表型。有一个图像证据：在法老拉美西斯三世（Ramses Ⅲ，公元前 1200 年）坟墓里发现的著名的世界不同民族的壁画。在画中，古埃及人把自己描绘为黑皮肤表型。我们很容易理解为什么批评迪奥普的人从来没有以

① 可参阅 Cheikh Anta Diop, *Antériorité des Civilisations Nègres*, *Mythe ou vérité historique*, Présence Africaine, Paris, 1967, pp. 229 – 274。

② 会议纪要发表于 *Histoire générale de l'Afrique*, *Etudes et documents* 1, Unesco, 1978。

任何方式提到这幅肖像画的存在。

研讨会结束时，会议的官方报告起草人让·德维斯教授在报告终稿中写道："尽管迪奥普教授和奥本加教授为报告进行了非常细致的准备，他们编写了内容精确的筹备工作文件（见附件3），并由教科文组织发送给参会者，但他们没有得到应有的回应。这导致了讨论中的严重失衡。"因此，任何一个真诚的人都无法回避这一事实：这种失衡其实建立了一个有利于迪奥普论点的科学性推定，即法老时期埃及人属于非洲黑人。

1976年1月19日—24日，桑戈尔（Léopold Senghor）在达喀尔组织了一次关于古代黑非洲和地中海世界的专题讨论会，以淡化开罗专题研讨会的成果。这次研讨会的非正式意图是表明古埃及和地中海的所有文明一样，是一个混合文化的文明，因此也是一个生物混血文明。一些学术界知名人士应邀参会：杰安·德桑日（Jehan Desanges）、让·维尔古特、弗兰克·M. 斯诺登（Frank M. Snowden）、雷蒙德·莫尼、马尔塞勒·马蒂尼（Marcel Martiny）、阿布德尔加迪尔·M. 阿布达拉（Abdelgadir M. Abdalla）、拉乌尔·洛尼（Raoul Lonis）、恩格尔贝特·姆文（Engelbert Mveng）、M. 沃罗诺夫（M. Woronoff）等。为了避免被指责在塞内加尔本土排挤迪奥普，桑戈尔邀请了迪奥普本人参会，但这只是一个形式上的邀请。与会者礼貌地听取了迪奥普题为"人类从史前到古代晚期的演变"的发言，但组织者却拒绝在会议文集中予以发表，会议文集后由非洲新出版社（Nouvelles Editions Africaines）出版。[①] 在20世纪60年代和70年代欧洲和非洲大学对迪奥普的围堵中，只有一所非洲大学主动向迪奥普表达了敬意。1972年12月，

① *Afrique noire et le monde méditerranéen dans l'Antiquité*, *colloque de Dakar*: *19 – 24 janvier 1976*, Les Nouvelles Editions Africaines, 1978.

迪奥普受卢本巴希大学邀请，在其校园发表了公开演讲，并在演讲结束后收获了学生们的欢呼致敬。

面对那些只从作者心理角度来质疑其作品的人，迪奥普写道："我们可以提醒所有社会心理学家，包括因形势而摇身一变成为社会心理学家的人和专业社会心理学家们，别再逃避现实了，因为写作动机与著述的真实性或准确性无关。真实性或准确性才是他们应当发表意见的领域，因为这是通向客观科学的有意义的路径。"[①] 事实上，到目前为止，迪奥普的批评者还没有进入事实范畴，却继续从心理假设的角度批评迪奥普的作品。

20世纪80年代与60年代和70年代的情形相反，迪奥普的作品得到了更多的倾听和阅读。首先，1980年，阿马杜－马赫塔尔·姆博（Amadou Mahtar M'Bow）总干事领导下的联合国教科文组织邀请迪奥普参加新版《人类科学和文化发展史》（*Histoire du développement scientifique et culturel de l'humanité*）编写项目。[②] 1981年3月30日—4月30日，教科文组织邀请迪奥普参加了在雅典举行的"种族主义、科学和伪科学"研讨会，该会议研讨和批判了为种族主义和种族歧视辩护的各种伪科学理论。1981年，塞内加尔新任总统阿卜杜·迪乌夫（Abdou Diouf）（年轻时曾经是迪奥普的崇拜者）为他打开了达喀尔大学的大门。[③] 1983年，安的列斯群岛作家

---

① Cheikh Anta Diop, *Antériorité des civilisations Nègres*, *Mythe ou vérité historique* ?, Présence Africaine, 1967, 1993, p. 11.

② 迪奥普与埃及学学者泰奥菲勒·奥本加、阿布巴克里·穆萨·拉姆（Aboubacry Moussa Lam）、巴巴卡尔·萨尔（Babacar Sall）以及历史学家约瑟夫·基泽博（Joseph Ki Zerbo）、伊巴·德蒂亚姆（Iba der Thiam）一起作为专家受邀参编。他担任该项目国际委员会的成员，该委员会的第一任秘书长是历史学家阿里乌纳·特拉奥雷（Alioune Traoré）。迪奥普还被任命为第二卷（公元前3000年至公元前7世纪卷）的主编之一。

③ 迪奥普受聘为达喀尔人文社科学院历史学副教授。他在《黑人民族与文化》出版27年、获得法国国家博士学位21年后，终于在达喀尔大学开始教授历史学硕博课程，并指导博士学位论文，直至1986年去世。

丹尼尔·马克西敏（Daniel Maximin）和瓜德罗普文化行动中心（Centre d'Action Culturelle de la Guadeloupe）主任欧内斯特·佩平（Ernest Pépin）邀请迪奥普前往瓜德罗普岛举办了一系列讲座，给加勒比人民的精神世界留下了深刻的思想解放印记。1984 年，尼日尔总统赛义尼·孔切（Seyni Kountché）邀请迪奥普前往尼亚美大学，他在那里所作的讲座是其最精彩的学术和教育讲座之一。我们可以在 YouTube 上观看到这次讲座的视频。

1985 年，亚特兰大市长安德鲁·杨（Andrew Young）和马丁·路德·金协会邀请迪奥普访美。迪奥普在那里发表了数次演讲，并接受了采访。亚特兰大市市长和美国非裔埃及学学派授予迪奥普以学术荣誉，因为他的作品具有启发性价值。[①] 亚特兰大市还宣布 1985 年 4 月 4 日为“谢赫·安塔·迪奥普博士日”。

同年，迪奥普应邀参加了 3 月 26 日—4 月 5 日在布拉柴维尔举行的纪念柏林会议百年（1884—1885 年）国际研讨会，该研讨会由非洲文化协会（Société Africaine de Culture）及《非洲存在》期刊（*Présence africaine*）倡议组织。迪奥普的发言充分表现了其博学广知，尤其是他解释了伊比利亚半岛在 15 世纪末领先于欧洲其他地区的原因。[②]

同年 6 月，在万花筒协会（Association Kaléidoscope）和法国文化部国际事务处（Service des Affaires internationales du Ministère de la Culture française）组织的“非洲文化日”活动框架内，迪奥普在巴黎的乔治·蓬皮杜中心举办了一次令人难忘的讲座，主题是“古埃及对非洲文明的重要性”。这次讲座对于生活在法国的非洲侨民

---

① 可参阅 *Great African Thinkers*, *Cheikh Anta Diop*, Vol 1, Editor Ivan van Sertima, 1986. *Egypt revisited*, Editor Ivan van Sertima, 1989。

② Cheikh Anta Diop, Apport de l'Afrique à la civilisation universelle, *Actes du colloque international*: *Centenaire de la Conférence de Berlin* 1884 - 1885, Présence Africaine, 1987, pp. 43 - 71.

及非裔后代来说是一个转折点。此后，在法国生活的非洲人、马提尼克人和瓜德罗普人开始充满热情地阅读迪奥普的书，确认他们有共同的祖先，并组织象形文字工作坊和非洲历史讲座。这种热情在马提尼克岛和瓜德罗普岛的土地上也引发了回响，从那时起，这些地方围绕迪奥普的作品积极开展了文化动员。与此同时，在非洲也出现了对迪奥普作品的推崇。

非洲的大学主动采取行动，组织了很多关于迪奥普成果的研讨会，视其为伟大的科学家。1982 年 4 月—5 月，达喀尔大学首先表达了对迪奥普的敬意。在语言学家帕泰·迪亚涅领导下的桑科雷（Sankoré）出版社的倡议下，达喀尔大学组织了一次关于迪奥普历史学、社会学、哲学和埃及学研究成果的研讨会。当时，塞内加尔知识界精英围绕迪奥普的作品，进行了为期两周的密集而激动人心的辩论，迪奥普本人也出席了研讨会并逐一回答了与会者的提问。

研讨会上，帕泰·迪亚涅指出，迪奥普从整体上重塑了古代史和现代非洲埃及学，应该推动这位杰出的埃及学家去不断强化自己的论证，而不是质疑他的贡献。达喀尔日报《太阳报》和布巴·迪奥普（Buuba Diop）教授负责这次研讨会的综述。[①] 随后，同样在塞内加尔，达喀尔大学邀请迪奥普主持了《塞内加尔哲学》杂志期刊（*Revue Sénégalaise de Philosophie*）1982 年 6 月 7 日—8 日举办的哲学和宗教专题研讨会。他发言的题目为“科学与宗教：当代哲学的主要危机”（Science et Religion：les crises majeures de la philosophie contemporaine）。这是一份关于最新物理学发现对哲学话语的影响的优秀学术成果。1986 年，在迪卡·阿克瓦·尼亚·博南贝拉

① 可参阅在《太阳报》上发表的桑科雷书店与塞内加尔历史学家和哲学家协会举办的 1982 年 4 月—5 月研讨会的会议综述，也可参阅布巴·迪奥普教授与另一位参会发言人撰写的纪要，该纪要发表于：*Tribune Africaine*，N°1，1 trimestre 1983。

（Dika Akwa Nya Bonambela）王子的建议下，喀麦隆一所大学向迪奥普伸出了橄榄枝。1986 年 1 月 6 日—9 日，迪奥普在雅温得主持了喀麦隆考古学研讨会。1986 年 1 月 8 日，迪奥普在喀麦隆首都国会大厦举办了关于“努比亚、埃及和非洲黑人”的讲座。这次研讨会的纪要中保存了迪奥普生前留下的最后评论。[①]

20 世纪 90 年代和 2000 年，作为对迪奥普的作品在美国非裔埃及学派中取得巨大成功的回应，弗朗索瓦 - 格扎维埃 · 福韦尔 - 埃玛尔（François-Xavier Fauvelle-Aymar）所率领的一群法国历史学家开始重新评论迪奥普的作品，但奇怪的是，他们对开罗学术讨论会的成果仍旧保持沉默。这不是一种直接批评，而是一种间接批评，批评对象是他们认为由迪奥普主导的、被其称为“非洲中心主义”（Afrocentrisme）的思潮。在美国，玛丽 · 莱夫科维茨（Mary Lefkowitz）的著作是一个证明，书名说明了一切。[②] 福韦尔 - 埃玛尔[③]以及他与让 - 皮埃尔 · 克雷蒂安（Jean-Pierre Chrétien）共同主编的作品[④]也证明了这一点。遗憾的是，这些书仍然不属于科学批评，而是意识形态批评。

诸多非洲研究专家揭露了这些评论的意识形态色彩。关于这一点，我们必须阅读泰奥菲勒 · 奥本加[⑤]、帕泰 · 迪亚涅[⑥]和其他历

---

① Dika Akwa Nya Bonambela（sous la directionde），*Hommage du Cameroun au professeur Cheikh Anta Diop*，Editions Presses Universitaires d'Afrique，Silex/Nouvelles du sud，2006.

② Mary Lefkowitz，*Not Out of Africa*：*How Afrocentrism Become Excuse to Teach Mythas History*，Basic Books，New York，1997.

③ François-Xavier Fauvelle-Aymar，*L'Afrique de Cheikh Anta Diop*：*histoire et idéologie*，Karthala，Paris，1996.

④ François-Xavier Fauvelle-Aymar et Jean-Pierre Chrétien，*Afrocentrismes. L'histoire des Africains entre Egypte et Amérique*，Khartala，Paris，2000.

⑤ Théophile Obenga，*Le sens de la lutte contre l'africanisme eurocentriste*，Khepera/L'Harmattan，Paris，2001.

⑥ Pathé Diagne，*L'Afrique*，*enjeu de l'histoire Afrocentrisme*，*Eurocentrisme*，*Sémitocentrisme*，Editions L'Harmattan/Sankoré，Paris，2010.

史学家的作品[①]。因此，学术界仍然等待着对迪奥普作品的科学解读。显然，在法国，批评迪奥普的人未能透过这些法国历史学家的思考，去反思法国非洲研究学派的认识论和方法论缺陷。[②] 关于这些批评言论，我们必须阅读爱丽舍·库利巴利（Elysée Coulibaly）的一篇精彩文章，文中概述了非洲的最新考古发现，并遗憾地指出，法国非洲研究学派对这些重要数据缺乏了解。[③]

法国学术界通过力推弗朗索瓦-格扎维埃·福韦尔-埃玛尔进入法兰西公学院，为欧洲中心主义的非洲历史打开了法兰西公学院的大门，进一步加强了对迪奥普作品的排斥。那本使弗朗索瓦-格扎维埃·福韦尔-埃玛尔凭借非洲研究获得法兰西公学院教席的书[④]，几乎没有提到考古学和语言学领域关于非洲历史的新发现。

迪奥普的追随者们不满足止步于迪奥普的成果。他们对迪奥普的作品从科学角度和启发角度进行了评述。泰奥菲勒·奥本加、阿兰·安塞林（Alain Anselin）、阿布巴克里·穆萨·拉姆和巴巴卡尔·萨尔的作品是这些丰硕成果中的杰出代表。然而，其中最重要

① Armelle Cressent, Cheikh Anta Diop vu de France: épistémologie d'une police des frontières intellectuelles, in *Les historiens africains et la mondialisation*, *Actes du 3ème Congrès international des Historiens* (*Bamako*, 2001), AHA, Karthala, ASHIMA, Paris, 2005, pp. 329 – 344, p. 329; Armelle Cressent, Cheikh Anta Diop, un monstre utile à l'africanisme français, in Laurence Marfaing, Brigitte Reinald (éditeurs), *Afrikanische Beziehungen*, *Netzwerke und Räume/Africain Networks*, *Exchange and Spatial Dynamics/Dynamiques spatiales*, *réseau et échanges africains*, Lit Verlag, Münster, 2001, pp. 391 – 407, p. 391; Charles Didier Gondola, *Africanisme*: *la crise d'une illusion*, Paris, L'Harmattan, 2007; Stephen Quirke, Kemet-ancient history, critical history, ANKH, *Revue d'Égyptologie et des Civilisations africaines*, n°25/26/27, 2016 – 2017 – 2018, pp. 81 – 91; Yoporeka Somet, *L'Égypte ancienne*: *un système africain du monde*, Teham, Paris, 2018, p. 541.

② Anne Piriou, Emmanuelle Sibeud (sous la direction de), *L'Africanisme en questions*, Editions de l'EHESS, Paris, 1997.

③ Elisée Coulibaly, L'archéologie, science oubliée des études africanistes françaises, in Anne Piriou, Emmanuelle Sibeud (sous la direction de), *L'Africanisme en questions*, Editions de l'EHESS, Paris, 1997.

④ François Xavier Fauvelle-Aymar, *Le Rhinocéros d'or. Histoires du Moyen Âge africain*, Alma Editeur, Paris, 2013.

的还是帕泰·迪亚涅的成果，通过评述，他沿着迪奥普的研究思路前进，并超越了这一思路。[①] 例如，他将非洲旧石器时代晚期和新石器时代作为一场伟大的文化革命的一部分进行研究，他的观点从非洲传播到了世界各地，这就是帕泰·迪亚涅所说的“拉马库什(Ramakushi）革命”。[②] 这场革命可以解释为什么除了希腊语借用了法老的语言，欧洲其他语言当中也存在非洲词汇。

事实上，迪奥普与那些不应被称为其批评者、应被称为其反对者的人的根本区别在于是否尊重知识伦理。[③] 迪奥普的反对者违反了这一伦理，根据他们所期望获得的意识形态利益和职业利益来开展工作。[④] 迪奥普尊重这一伦理，重视论据的严谨性和论点的科学有效性。迪奥普对知识伦理的尊重解释了这样一个事实：从 20 世纪 60 年代到今天，欧洲中心主义知识庙宇的守护者更喜欢在大学里组织封锁，而不是根据科学评价的规则对迪奥普进行评价，他们甚至禁止学生提交任何关于迪奥普研究主题的硕博士学位论文研究计划。

还需要指出的是，迪奥普在塞内加尔曾因桑戈尔政府的态度而遭受体制的排斥。他的作品在西方大学及其附庸非洲大学中遭遇了一场共谋的静默，这主要是因为他的对手没有能力从严格的科学角度批评他的观点。正如帕泰·迪亚涅在其著作中所解释的那样：“为数不多的冒险者咬到了自己的手指。”[⑤] 迪奥普反衬出了他们在

---

① Pathé Diagne, *La révolution Ramakushi Ou l'archéologie linguistique et culturelle de la préhistoire spirituelle et intellectuelle de l'humanité*, L'Harmattan/Editions Sankoré, Paris, 2006.

② Pathé Diagne, *La révolution ramakushi ou l'archéologie linguistique et culturelle de la préhistoire spirituelle et intellectuelle de l'humanité*, L'Harmattan/Editions Sankoré, Paris, 1996. 2006 年该书再版。

③ 关于知识伦理的概念，可参阅 Pascal Engel, *Les vices du savoir*, *Essai d'éthique intellectuelle*, Agone, Marseille, 2019。

④ 著名历史学家埃利基亚·姆博科洛（Elikia Mbokolo）就是一个很好的例子。他在法国大学的整个职业生涯中都对迪奥普持批判态度，退休后却在法国国际广播电台（RFI）成为迪奥普最热心的支持者之一。

⑤ Pathé Diagne, *L'Afrique*, *enjeu de l'histoire Afrocentrisme*, *Eurocentrisme*, *Sémitocentrisme*, L'Harmattan/Sankoré, Paris, 2010.

埃及学和语言学方面的能力缺失。[①]

让·德维斯教授曾是法语大学里面最激烈反对迪奥普的人之一，但他最终在20世纪80年代承认迪奥普的论点具有扎实的论据，并向其表达了敬意。[②] 1986年，在喀麦隆举行的研讨会上（迪奥普本人也出席了会议），德维斯教授发表了以下声明："在这次研讨会召开之际，我很高兴能有机会在雅温得对他（迪奥普）说，我深深地感谢他，因为他作为一名研究者的坚韧不拔，迫使我改变了不止一种观点，放弃了我所接受的教育灌输给我的许多偏见。虽然我并不同意他所有的观点，但我必须向他致敬。"[③] 让·德维塞在《大百科全书》（*Encyclopaedia Universalis*）上发表的"谢赫·安塔·迪奥普 1923—1986"（Cheikh Anta Diop 1923—1986）词条中如此叙述："……作为个人，作为学者，（迪奥普）一直处于太多争议和争论的中心，他的成就太重要了，沉默无法将其掩盖……欧洲，特别是法国，在对待这个人及其思想时表现得犹豫不决……很少有像他这样的历史学家能推翻如此多的传统观念，颠覆如此多的观点，开辟如此多的研究领域。"[④] 让我们致敬德维斯教授所表现出的学术真诚，致敬其研究成果对非洲历史研究各领域的贡献。[⑤]

然而，必须指出的是，迪奥普在大学里遭遇到共谋静默的同

---

① 可参阅迪奥普对莫尼、德维斯和托马（L. -V. Thomas）的回应：Cheikh Anta Diop, *Antériorité des Civilisations Nègres, Mythe ou vérité historique*, Présence Africaine, Paris, 1967。

② Dika Akwa Nya Bonambela (sous la directionde), *Hommage du Cameroun au professeur Cheikh Anta Diop*, Editions Presses Universitaires d'Afrique, Silex/Nouvelles du sud, 2006, p. 83.

③ 此次研讨会由迪奥普主持。可参阅 Jean Devisse, Apport de l'archéologie à l'historien de l'Afrique, in *L'archéologie du Cameroun, Actes du premier colloque international de Yaoundé*, 6 – 9 *janvier* 1986, études réunies par Joseph-Marie Essomba。让·德维斯教授为巴黎一大荣休教授。

④ JeanDevisse, Cheikh Anta Diop 1923 – 1986, in *Encyclopaedia Universalis*, *Vies et Portraits—Les vies*, p. 546.

⑤ Jean Devisse, Jean Polet, Samuel Sidibé (sous la direction de), *Vallée du Niger*, Editions de la Réunion des musées nationaux, Paris, 1998.

时，国际组织却正式认可了其创新贡献。正是基于这一认可，1970年，联合国教科文组织总干事勒内·马厄（René Maheu）正式邀请迪奥普成为《非洲通史》国际科学委员会的成员。这也解释了为什么联合国教科文组织接受了迪奥普为确保前文所述的开罗研讨会的科学性而提出的条件。[①]

三　迪奥普与政治哲学

1986年2月，神秘的命运之手把迪奥普的灵魂之鸟（Ba）带往了守护天使（Ka）的行列。从此，迪奥普成为不朽之星（Akhu）中的一颗。他现在驻足于诸神之地，在他家族祖先的身旁。虽然神明的旨意来得太早，让我们无法再与他相遇，但神明给了他足够的时间来完成自己华丽的学术大厦。《文明或野蛮》一书得以在他生前出版，他留下的这本书构成了我们政治期望的科学基础。

我们感到欣慰，因为当62岁的迪奥普去世时，他的工作已经为现代非洲的未来播下了种子。非洲青年和非裔青年必须知道如何使这些种子发芽。虽然他们在文化领域已经有所作为，现在也必须在政治领域开展行动。他们需要了解迪奥普的政治思想。为了获得这样的智慧，他们必须深入研究迪奥普作品中蕴含的政治哲学。

然而，从政治哲学的角度来研究迪奥普的作品，就是要研究后殖民时代现代非洲的未来与迪奥普著述的主要目标之间的关系。这个目标就是重构非洲历史意识。换言之，就是从推动非洲走向现代社会的未来所需政策的角度，探讨掌握非洲历史对于当代非洲的

---

① Pathé Diagne, *Cheikh Anta Diop et l'Afrique dans l'histoire du monde*, Sankoré/L'Harmattan, Paris, 1997, pp. 22 – 23.

意义。

对于研究后殖民时代非洲社会现代化前景问题的非洲学者来说，重构非洲历史意识问题是其思考的核心内容。[①] 虽然所有人都认为是时候对历史进行定位了，但在定位的最终目标上存在分歧。有些人把历史视为重新获得历史主动性的杠杆，另一些人则从身份本质的锚定或与某种文化人格决裂的角度来对待历史。

非洲学者们不断阐述非洲的历史经验，他们所得到的积极回应是欧洲学者礼貌性的赞赏或家长式的鼓励，消极回应则是一种恼怒，甚至是一种公开的愤怒。事实上，欧洲那些自由主义、马克思主义和新马克思主义的非洲问题研究者们对非洲学者不断反思历史主题感到惊讶。总的来说，他们认为这属于身份问题或民族主义研究范畴，因此是过时而无益的。因此，他们经常呼吁非洲同行放下历史定位问题，尽早投身于西方现代性的解决方案，仅把非洲的历史看作学术研究的对象。

然而，这些欧洲学者难道不是在有意无意地掩盖一个事实，即欧洲自身的现代性并未脱离其历史定位。例如，欧洲人在拉丁语和民族语言问题上难道没有争议吗？在欧洲不是也有关于采取希腊模式或是罗马模式的辩论吗？在欧洲，古代人和现代人之间不是有一场著名的争吵吗？16 世纪带领欧洲踏上文艺复兴道路的人，难道没有以某种方式参照古代欧洲的历史遗产进行自我定位吗？欧洲政治、文学和科学现代性的所有术语都证明了这一点。[②] 因此，这一事实为非洲学者在思考现代非洲未来的政策时参考非洲历史提供了

---

① 可参阅 Jose Do-Nascimento，La référence à l'identité historique et le projet de modernité en Afrique：le point de vue de Senghor，Diop et Towa，in *La renaissance africaine comme alternative au développement*，sous la direction de Jose do-Nascimento，L'Harmattan，Paris，2008。

② Gilbert Hottois，*De la Renaissance à la post modernité Une histoire de la philosophie moderne et contemporaine*，Edition De Broeck Université，Bruxelles，1997；Pierre Aurégan，Guy Palayret，*Dix étapes de la pensée occidentale*，Ellipses poche，Paris，2015.

合法性推定。

事实上，迪奥普的工作完全围绕着如何将后殖民时代非洲社会组织成一个公共自由、物质繁荣、精神祥和、科技进步的社会这一问题。为了回答这个问题，迪奥普拿起了精确科学以及人文社会科学的武器。因此，他的成就是一部复杂的作品，他的智慧需要评论者接受多学科、跨学科的教育。

为了让尽可能多的人了解迪奥普在历史学领域的工作，泰奥菲勒·奥本加投入了大量的精力与时间来解释迪奥普在古生物学、埃及学、历史社会学和语言学领域的研究脉络。①

但迪奥普的工作超越了关于过去的科学。它还涉及当代科学（政治学、文化社会学、政治哲学）和未来科学（政治预见、科学哲学）。因此，对迪奥普的研究也必须在当前和未来的科学领域进行，特别是必须在政治学和政治哲学的范畴内解释迪奥普的思想。然而，到目前为止，在这些领域，还没有人像奥本加那样进行如此规模庞大的诠释工作。

我们希望通过向读者们介绍迪奥普的政治思想来填补些许空白。据我们所知，只有另外四位学者有过相关著述。他们是迪亚洛·迪奥普（Dialo Diop）、帕帕·登巴·希（Papa Demba Sy）、雅克·哈比博（Jacques Habib）和多兰克·阿斯法特·迪亚塞尼（Dorank Assifat Diasseny）。因此，大家可以阅读他们关于迪奥普政

---

① Théophile Obenga：Méthode et conception historique de Cheikh Anta DIOP，in *Présence Africaine*，n° 74，Paris，1970，pp. 3 –28；*Cheikh Anta Diop，Volney et le Sphinx：contribution de Cheikh Anta Diop à l'historiographie mondiale*，Présence africaine/Khepera，Paris，1996；*Le sens de la lutte contre l'africanisme eurocentriste*，Khepera/L'Harmattan，Paris，2001；Les 20 ans de Nations nègres et Culture（1954 –1974），in *Présence africaine*，n° 89，Paris，1974，pp. 214 –223；Cheikh Anta Diop et les autres，in *Présence africaine*，n° 105 – 106，Paris，1978，pp. 29 – 44；L'univers puissant et multiple de Cheikh Anta Diop，in *Éthiopiques*，n° 1 – 2，Vol. IV，Dakar，1987，pp. 9 – 16；Les derniers remparts de l'africanisme，*Présence africaine*，no 157，pp. 47 –65，1er semestre 1998；Un commentaire sur les réflexions de M. Luc Bouquiaux，*Ankh* n°4/5，1995 –1996，pp. 317 –346.

治思想的文章。[①]

四 科学与政治双重视角下的迪奥普

我们说过，迪奥普的作品首先是一部历史学作品。但我们知道，纯粹的科学是不存在的。在任何科学工作的上游，总有一种哲学的关注[②]，普罗米修斯式[③]或浮士德式[④]。一个科学家总是为了一个特定的社会目的而从事一项研究现实的工作。那么迪奥普的作品是源于什么动机？

为了撰写这本书，我们原原本本地阅读了迪奥普的作品。在我们看来，任何人在没有成见的情况下阅读或研究这部作品，并将其置于语境当中，都会抵达一种特殊的信念。这种信念就是：这部作品并非源于意识形态[⑤]，而是出于政治预见。其目标一是要厘清非洲人民和国家在去殖民化后将面临的障碍，二是要找到解决办法，使非洲人民能够应对这些障碍所带来的挑战，以便重新获得全面主权，从而推动其走向现代非洲的未来。

为了实现这一政治预见的目标，迪奥普在殖民时期就已经就未来独立非洲国家获得有效主权的先决条件问题进行了前瞻性研究。正是这种前瞻性的研究，使他进入历史学、政治学和精确科学的领域。在这三个领域，迪奥普进行了前瞻性研究并产出了丰硕的研究

---

① Dialo Diop, Réflexions sur la pensée politique de Cheikh Anta Diop, in Hommage à Cheikh Anta Diop, in *Présence Africaine*, N°149/150, 1991, p. 150; Dorank Assifat Diasseny, Les fondements philosophiques de la problématique culturelle et politiques de Cheikh Anta Diop, in *Présence Africaine*, N°149/150, 1991, p. 134; SY Papa Demba SY: "Itinéraire politique de Cheikh Anta Diop", pp. 192 – 197; *Nomade Revue culturelle*, n°spécial1 – 2, Cheikh Anta Diop, Paris, 1989.

② 即人类的情怀。

③ 即在自然逆境中寻求解放人类的办法。

④ 即一个群体寻找控制另一个群体的方法。

⑤ 如为了推行民族主义、中心主义、自由主义、社会主义等。

成果。他的科学工作成为其宏大政治思想的认识论基础。正如大型建筑物中支柱的作用一样，迪奥普的科学成就是支撑其恢宏政治思想的支柱。

因此，这意味着，虽然他的科学工作必须独立于他的政治思想来得到评价，但只有依托他的科学成就，才能正确理解他的政治思想。从这个角度来看，我们必须说，其作品已然表明，虽然迪奥普的科学作品是其政治思想的基础，但迪奥普从来没有让政治思想来改变、歪曲或强迫他的科学结论。换言之，迪奥普的作品中没有意识形态的意图。因此，非洲青年和非裔青年可以满怀信心和坦然地接受迪奥普的政治思想，推动非洲社会向高度现代化的未来发展。

第二章

迪奥普政治思想产生的背景：有利于理性主义和政治、文化、智识主权观念的家庭环境、城市环境和学术经历

本章旨在介绍迪奥普政治思想的背景和起源。事实上，任何思想都不是从虚无中产生的。它总是生发自一定的社会、政治、经济和环境背景，塑造出自己的风范，并成为学术谱系的一部分。那么，迪奥普的政治思想从何而来？

我们看到，首先，迪奥普出身于一个反殖民主义的家庭，这有利于政治、文化和智识主权思想的产生；其次，他所生活的城市环境中充满支持泛非主义、非洲人民及非裔团结解放的氛围。当然，他所阅读的作品给他以思想的滋养，那些作者对他的政治认知产生了特殊影响。正如我们所看到的那样，首先是家庭生活的背景，其次是中学时代的城市环境，使年轻的迪奥普很早就倾向于政治、文化和智识主权思想，这些构成了他政治思想的基础。最后，迪奥普在法国学习期间遇到了一些优秀的学者，他们激发了迪奥普对理性主义的敏感度。

一　反殖民主义的家庭背景

1923 年，迪奥普出生在塞内加尔巴奥勒（Baol）地区一个叫卡伊图（Caytu）的村庄，他的家庭信奉伊斯兰教，属于穆里德教派。[①] 家庭中有好几个成员参加了抵抗法国殖民军队的战斗。他的祖父莫尔·桑巴·迪奥普（Mor Samba Diop）是一位拉玛纳（lamaan，精神领袖及土地管理者），他反对法国殖民军队追捕卡约王国达美尔（Damel，意为“政治领袖”）桑巴·劳贝（Samba Laobe），并热情款待了后者。迪奥普年轻时，他的家人与塞内加尔殖民时期沃洛夫精神和文化身份的代表人物之一、穆里德教派创始人谢赫·阿马杜·班巴（Cheikh Ahmadou Bamba）非常亲近。

穆里德教派是一个穆斯林宗教兄弟会，很早就采取了反殖民的民族主义立场。事实上，这是非洲伊斯兰教内部的一股改革潮流，它一方面宣扬要通过劳动结束殖民统治、获得独立；另一方面主张非洲伊斯兰教自治，即不必忠顺于任何外国文化，无论是东方的还是阿拉伯的。谢赫·阿马杜·班巴为此在塞内加尔建立了圣城图巴（Touba），以便在当地巩固信仰。

谢赫·阿马杜·班巴 1853 年出生于姆巴—巴奥勒（Mback-Baol），是一位苏非派教徒、诗人、穆斯林神学家和法学家，当地伊斯兰教最重要的人物之一，也是穆里德兄弟会和圣城图巴的创建者。他因其个人的精神和文化激情而留名青史。1895 年 8 月，法国当局担心他的激情演变为反殖民的民族抵抗政治浪潮，将他逮捕并关押在圣路易监狱，圣路易是法属西非殖民地总督府所在地。1895 年 9

① Pathé Diagne, *Cheikh Anta Diop et l'Afrique dans l'histoire du monde*, Edition Sankoré/L'Harmattan, Paris, 1997, pp. 22 – 23.

月，他被流放到加蓬的马永巴（Mayoumba）。1902 年，他在流亡 7 年 9 个月后返回达喀尔，受到英雄凯旋般的欢迎。1903 年，他又被驱逐到毛里塔尼亚。1907 年，他被软禁于蒂耶耶纳（Thiéyéne）。他于 1927 年去世，留下穆里德主义遗产传于后世。

迪奥普的家族是这一遗产的忠实传承者。这一精神和文化遗产丰富了他们的精神世界中本就根深蒂固的政治主权思想。事实上，年轻的迪奥普的精神世界也得到了这一家族遗产的滋养。该遗产的显著标志，一方面是沃洛夫民族反殖英雄们的政治形象，另一方面是谢赫·阿马杜·班巴塑造的精神和文化形象。

帕泰·迪亚涅说，在沃洛夫地区流传着这样的说法："谢赫·安塔年轻时，去卡伊图村外的一口井取水，有一天他回来迟了，因为他看到谢赫·阿马杜·班巴走了过来。其他孩子看到老态龙钟的圣人班巴，四散跑开。谢赫·安塔看到班巴穿着白色的长袍，戴着头巾，穿着旧鞋，就跟人们总是在玻璃镜框里看到的他一样。班巴走到谢赫·安塔面前，谢赫·安塔恭敬地向班巴致意。班巴询问谢赫·安塔母亲的消息，告诉他几年前故去的父亲的事情，然后灌满他的水壶，帮助他从井里取水，把他的水桶灌满，祝福他，把水桶放在他头上，对他说道：你！我在你的水桶和你的头脑里装满水。我要把这个水桶放在你头上，让你负重而行。我要让你成为追求无尽知识的人。"① 确实，年轻的迪奥普在中学和大学阶段孜孜不倦地追求知识，百科全书般的知识。

1927 年至 1937 年，迪奥普在迪乌尔拜勒（Diourbel）上学，四五岁时他被送到古兰经学校。根据帕泰·迪亚涅的说法，"在迪乌尔拜勒，谢赫·安塔住在谢赫·阿马杜·班巴的杰出弟子之一——谢

① Pathé Diagne, *Cheikh Anta Diop et l'Afrique dans l'histoire du monde*, Editions Sankoré/L'Harmattan, Paris, 1997, pp. 43 – 44.

赫·伊布拉·法尔（Sheikh Ibra Fall）的广袤庄园里”。在这片土地上，“迪奥普与穆里德教派创建者谢赫·阿马杜·班巴的孙子兼继承人谢赫·姆巴凯·盖恩德·法特玛（Cheikh Mbacké Gayndé Fatma）一起接受教育，成长和沐浴在同样的氛围中。法特玛母亲一系的先人是塞内加尔抵抗运动的英雄、卡约王国末代达梅尔——拉特·迪奥·恩戈内·拉迪赫·迪奥普（Lat Dior Ngoné Latyr Diop）。两个孩子之间关系亲密，他们彼此倾慕，结下了特殊的友谊”。[①]

从古兰经学校开始，小迪奥普就因其聪慧而受到钦佩。帕泰·迪亚涅说：“他周围的人很早就对他的精力、智慧和素质感到惊讶。他被送往迪乌尔拜勒的法国学校，这在他的阶层中是个特例。”[②] 1937年，迪奥普在这所法国学校获得了小学毕业证书，上学期间，他以积极主动和勇于创新而受到关注。“小学最后一年，迪奥普的校长是杜杜·卡纳（Doudou Kane），一位来自圣路易的教师，他想给孩子们上一堂关于地球旋转的课，但是没有地球仪。这难不倒迪奥普，他悄悄拿了一个葫芦，在上面画了大陆和海洋。他还把陆地涂成赭色，把海洋涂成靛蓝。”[③]

不难理解，通过家庭教育，年轻的迪奥普很早就拥有反殖民主义的意识。宗教教育则使他具备了独立工作、严谨治学的精神，对任何外来文化绝不人云亦云。帕泰·迪亚涅说，迪奥普“童年时接受了穆里德教派的教育，后者依托沃洛夫语文学创作和诗歌写作，倡导自主的黑人伊斯兰教”[④]。因此，由于他的家族传承，年幼的迪

---

① Pathé Diagne, *Cheikh Anta Diop et l'Afrique dans l'histoire du monde*, Editions Sankoré/L'Harmattan, Paris, 1997, p. 11.

② Pathé Diagne, *Cheikh Anta Diop et l'Afrique dans l'histoire du monde*, Editions Sankoré/L'Harmattan, Paris, 1997, p. 10.

③ Pathé Diagne, *Cheikh Anta Diop et l'Afrique dans l'histoire du monde*, Editions Sankoré/L'Harmattan, Paris, 1997, p. 12.

④ Pathé Diagne, *Cheikh Anta Diop et l'Afrique dans l'histoire du monde*, Editions Sankoré/L'Harmattan, Paris, 1997, p. 15.

奥普很早拥有了非洲社会历史性的意识。毫无疑问，正是由于他很早就认识到了非洲社会的历史性，他在达喀尔范·沃伦霍温中学（Van Vollenhoven）读初三时，就开始研究自己母语中某些单词的词源，并最终创造了一个字母表，他还希望这能成为非洲本土语言的字母表。也正是由于他很早就认识到非洲社会的历史性，他在中学和大学才得以不被殖民当局关于非洲历史的看法所影响。事实上，童年迪奥普生活在一个本土宗教、知识和政治精英组成的环境中，他们对文化、政治和知识主权的认知根深蒂固。当年轻的迪奥普去达喀尔和圣路易接受中学教育时，这些认知得到了加强，因为他接触到了当时在城市精英阶层中涌动的反种族主义思想和泛非主义思想。

二　有利于泛非主义思想的城市环境

离开迪乌尔拜勒之后，1939 年至 1944 年，迪奥普先后在达喀尔和圣路易读初中和高中。在圣路易城里，十几岁的迪奥普通过与兄长谢赫·姆巴凯·盖恩德·法特玛的讨论，接触到了先进的知识阶层。在这个圈子里进行的辩论使这位年轻的高中生关注到马库斯·加维（Marcus Carvey）的思想，以及在美洲、欧洲和非洲传播的反种族主义、反殖民主义、泛非主义、黑人解放、黑人法老埃及、非洲人民对文明的贡献等各种思潮。马库斯·加维的思想使他对制定不臣服和隶属于任何外来者的非洲政治和文化计划的观点特别重视。

帕泰·迪亚涅向我们介绍了年轻迪奥普早期受到的政治和知识影响。他写道：“20 世纪 20 年代和 30 年代，《黑人之声》（*la Voix des Nègres*）和《黑人的呐喊》（*Cri Nègre*）这两份报纸与托瓦卢（Kojo Tovalou Houénou）、拉明·桑戈尔（Lamine Senghor）、库亚泰·加朗（Kouyaté Garang）和埃米尔·富尔（Émile Faure）一起，响应了杜布瓦（W. E. B. Du Bois）和加维倡导的泛非主义，迪奥普由此受到启发，并很早就付诸行动。这些报纸发表关于黑人历史及其斗争的文章，经由贝伊·萨尔兹曼（Baye Salzman）、吉姆·恩迪亚耶（Djim Ndiaye）、阿达玛·洛（Adama Lô）、恩加兰杜·迪乌夫（Ngalandou Diouf）以及他们的朋友们，传播到塞内加尔特别是圣路易，而迪奥普就是在圣路易的费德尔布高中（Faidherbe）学习。"[①] 最重要的是，他的兄长谢赫·姆巴凯·盖恩德·法特玛向他介绍了当时知识界对泛非主义、反种族主义和反殖民主义思想的讨论。帕泰·迪亚涅指出，谢赫·姆巴凯·盖恩德·法特玛深受泛非主义重要人物的影响，而年轻的谢赫·安塔受到他的启发。

事情就是如此。年轻的迪奥普在达喀尔和圣路易上初中和高中时接受了反种族主义和泛非主义思想，这些思想当时得到非洲知识界激烈的讨论和宣介，年轻的迪奥普从他的学识导师也就是儿时的朋友谢赫·姆巴凯·盖恩德·法特玛那里知晓了这些。与这位兄长的亲密关系使年轻的迪奥普很早就具有了政治意识。这个对世界进程有很好了解的年轻人接下来将参加毕业考试。

1943 年，迪奥普在圣路易的费德尔布高中通过了数学科目类会考。1944 年，他在达喀尔通过了哲学科目类会考。这个热爱科学和哲学的年轻人于 1946 年 23 岁时来到法国，致力于自然科学（高等数学、化学）和人文科学（历史、哲学、人类学、埃及学）的研究。在殖民的鼎盛时代，列奥·弗罗贝纽斯（Léo Frobenius）已经在谈论非洲文明[②]，马塞尔·格里奥（Marcel Griaule）已经在谈论

---

① Pathé Diagne, *Cheikh Anta Diop et l'Afrique dans l'histoire*, Editions Sankoré/L'harmattan, 1997.

② Léo Frobenius, *Histoire de la civilisation africaine*, Paris, Gallimard, 1936; Théophile Obenga, Léo Frobenius et l'Afrique: sa part de vérité, *Ankh*, N° 18/19/20, 2009 – 2010 – 2011.

天体演化学和多贡人的宇宙学[①]，坦普尔（Temples）神父已经在谈论班图哲学[②]，迪奥普读到他们的作品，因而很早就与欧洲中心论的人类学叙事保持了距离，后者把非洲人归为头脑简单的原始人[③]。这种欧洲中心论的叙事没有像影响青年桑戈尔那样影响到迪奥普。桑戈尔试图超越这种欧洲中心主义叙事的病态影响，躲在超现实主义的背后，在殖民话语影响下，赋予那些被他视为黑人本体特征的东西以高贵的字眼，也就是说：情感。[④]

迪奥普当时是一名巴黎的大学生，与他未来的妻子路易丝·玛丽·玛埃（Louise-Marie Maes）一起参加了所有反种族主义和反殖民的示威活动。他参加了左派与共和国安全部队（CRS，compagnie républicaine de sécurité）的街头战斗，并经常被巴黎警察拘捕。他与非洲和加勒比地区许多未来的知识精英和政治领导人交往：阿马杜·昂巴泰·巴（Amadou Hampaté Ba）、艾梅·塞泽尔（Aimé Césaire）、雷翁·贡特朗·达玛斯（Léon Gontran Damas）、加布里埃尔·达布西埃（Gabriel d'Arboussier）、勒内·德佩斯特（René Depestre）、阿马迪·阿里·迪昂（Amady Aly Dieng）、阿里乌纳·迪奥普（Alioune Diop）、玛赫杰姆·迪奥普（Mahjemout Diop）、圣克莱尔·德雷克（Saint-Claire Drake）、布托·布托·加利（Boutros Boutros-Ghali）、谢克·法勒（Cheikh Fall）、弗朗茨·法农（Frantz Fanon）、凯塔·福代巴（Keita Fodéba）、约瑟夫·基·泽尔博（Joseph Ki Zerbo）、爱德华·格利桑（Édouard Glissant）、拉明·古耶（Lamine Guèye）、让·普莱斯·马尔斯（Jean Price-Mars）、阿布

---

① Marcel Griaule, *Dieu d'eau: entretiens avec Ogotemmeli*, Éditions du Chêne, Paris, 1948.

② Placide Tempels, *La Philosophie bantoue*, Présence Africaine, Paris, 1947.

③ Lucien Lévy-Bruhl, *La mentalité primitive*, Alcan, Paris, 1922; Nouvelle édition, commentée par F. Keck, Champ/Flammarion, 2010.

④ 可参阅 Marcien Towa, *Léopold Sédar Senghor: Négritude ou Servitude?*, Clé, coll. Point de vue, Yaoundé, 1971.

杜·穆穆尼（Abdou Moumouni）、阿玛杜·玛赫塔尔·姆博（Ahmadou Mahtar M'Bow）、鲁本·乌姆·恩约贝（Ruben Um Nyobé）、雅克·拉贝玛南贾拉（Jacques Rabemananjara）、阿桑·塞克（Assane Seck）、利奥波德·塞达尔·桑戈尔、伊斯梅尔·杜尔（Ismaël Touré）、塞古·杜尔（Sékou Touré）、巴卡里·特拉奥雷（Bakary Traoré）、阿卜杜拉耶·瓦德（Abdoulaye Wade）等。然而，当时在非洲民主联盟（RDA）、非洲独立党（PAI）、留法黑非洲学生联合会（FEANF）等反对殖民主义的非洲政治组织当中，占主导地位的是空洞的反殖言论，迪奥普因而显得特立独行。作为非洲民主联盟学生部的秘书长，他提出非洲人在去殖民化后将会遭遇的具体问题，这凸显了他的与众不同。1952 年他在《非洲之声》上发表的一篇文章可为佐证。他前瞻性地提出具体问题，却往往招来一些人提醒他要回归主流，这些人的思考和言论局限于反殖问题。[①] 乌弗埃·博瓦尼（Houphouët Boigny）就是这样，他说："迪奥普是对的，但他走得太快了。"利奥波德·塞达·桑戈尔也是如此，他说："迪奥普是一位有前途的学者，不过遵守纪律会使他受益。"[②]

三　支持理性主义的学术环境

很明显，正是塞内加尔的家庭和城市环境给年轻的迪奥普灌输了文化和政治主权思想，尤其是使他敏锐地意识到非洲社会的历史性。十几岁的迪奥普在达喀尔的范·沃伦霍温中学上初三时就

---

① Cheikh Anta Diop, Vers une idéologie politique africaine, in *La Voix de l'Afrique noire*, Bulletin mensuel de l'Association des Etudiants RDA, Paris, février, 1952, pp. 5 – 21.

② Pathé Diagne, *Cheikh Anta Diop et l'Afrique dans l'histoire du monde*, Editions Sankoré/L'Harmattan, Paris, 1997, pp. 22 – 23.

有了这样的思考，他开始研究沃洛夫语单词的词源，并创造了一个独立的非洲字母表，将其交给西塞·恩迪亚梅（Cissé N'Diamew）先生。

这些思考清楚地反映在青年迪奥普的早期文章对政治蓝图的前瞻性设计中。①

除了政治、文化和智识主权意识，他还在索邦大学从加斯东·巴什拉（Gaston Bachelard）那里学到了理性主义思维方式。② 巴什拉的教学使迪奥普的思维转向了知识伦理和实证学科。正是这种精神转变将使迪奥普不接受任何历史数据的篡改，也不接受任何智识上的模棱两可。换言之，正是这种尊重知识伦理和实证科学的态度，才是迪奥普科学论证有效性的基础。迪奥普的交流对象包括指导他博士学位论文的马塞尔·格里奥、安德烈·艾马尔（André Aymard）、安德烈·勒罗伊－古汗（André Leroi-Gourhan），他的朋友、哲学家莫里斯·卡弗因（Maurice Caveing），以及居里研究所实验室帮助他加深对化学和核物理认识的弗雷德里克·约里奥－居里（Frédéric Joliot-Curie）等人，由此他对理性主义的重视进一步增强。

如上所述，迪奥普的思想立场早在非洲独立之前就倾向于文化

① Cheikh Anta Diop, Quand pourra-t-on parler d'une renaissance africaine ?, in *Le Musée Vivant*, n° spécial 36 – 37, novembre 1948, Paris, pp. 57 – 65; Vers une idéologie politique en Afrique noire, in *La Voix de l'Afrique Noire*, organe de sétudiants du RDA (Paris), 1952, pp. 5 – 21; Essai sur les langues vernaculaires, in *Lavoix de l'Afrique noire*, Bulletin mensuelle de l'Association des Etudiants RDA, Paris, mai-juin 1953, pp. 37 – 38; La lutte en Afrique noire, in *La Voix de l'Afrique Noire*, organe des étudiants du RDA (Paris), 1953, pp. 9 – 14; Alerte souslestropiques, in *Présence Africaine*, n°5, nouvellesérie, Paris, décembre 1955 – janvier 1956, pp. 8 – 33; Apports et perspectives culturels de l'Afrique noire, in *Présence Africaine*, n° spécial VIII-IX-X, 1956, Tome 1: Premier Congrès des Écrivains et Artistes Noirs, Paris, 1956, pp. 339 – 346; Un continent à la recherche de son histoire, in *Horizons*, *la revue de la paix*, n° 74 – 75, juillet-août 1957, pp. 85 – 91.

② Gaston Bachelard, *Le Nouvel Esprit scientifique*, Alcan, Paris, 1934; *La Formation de l'esprit scientifique. Contribution à une psychanalyse de la connaissance objective*, Vrin, Paris, 1938; *Le Rationalisme appliqué*, PUF, Paris, 1949.

自治、民族独立和智识理性主义。这种思想并不是从天上掉下来的，它植根于迪奥普童年、少年和青年时期的家庭、文化、政治和学术经历。正是在这种背景下，年轻的迪奥普形成了自己对世界大势的理解。

第三章

迪奥普政治思想的科学基础:富有先锋性、启发性、人文性的学术研究

本章旨在介绍那些构成迪奥普政治思想的科学基础的研究工作。从其著作《黑非洲联邦国家的经济和文化基础》这一书名就可以看出，迪奥普致力于一个宏大的政治计划。他的著作表明，这个政治计划不是建立在意识形态的基础上，而是建立在科学的基础上。

迪奥普青年时代的著述已经体现了这一科学基础。相关作品写作于殖民时期，无论从政治角度还是从科学角度看，都具有前瞻性。这一科学基础也在迪奥普思想成熟期的作品中得到体现。这些作品具有非凡的启发性，它们用另一种方式思考未来，为陷入僵局的发展政策和西方现代性实验寻找替代方案，要知道西方现代性实验的负面影响现在已经影响到整个人类社会。这一科学基础还体现出其研究主题带有非洲灵感，迪奥普由此对世界的发展有着人文主义色彩的清醒看法。迪奥普保持着清醒，他不是一个天真的人文主义者，而是一个警觉的人文主义者。

一　从政治和科学角度看迪奥普青年时代的先锋性学术研究

本节将分析1948—1960年青年迪奥普的研究工作。

（一）1948—1960年迪奥普思想的发展过程

帕泰·迪亚涅在他的著作中梳理了迪奥普学术经历的重要节点。帕泰·迪亚涅认为，迪奥普发表著述始于1948年，即他获得高中毕业文凭4年之后，当年《非洲存在》杂志发表了他关于沃洛夫语研究的几篇文章。[①] 同年，迪奥普在《活着的博物馆》（*Le Musée vivant*）杂志的一期特刊上发表了一篇题为“什么时候可以谈论非洲复兴”的文章。[②] 这篇文章从历史复兴的角度探讨了将非洲语言引入文学和教学的问题。但事实上，如果更加深入地阅读这篇文章，可以发现它更多是在探讨非洲历史复兴启动的征兆。

1952年，迪奥普发表了《走向黑非洲政治意识形态》（Vers une idéologie politique en Afrique noire）一文。文章阐述了在殖民背景下、在争取民族独立的斗争中引导各社会阶层政治意识的原则，还分析了殖民背景下阻碍人们认识这些指导原则的社会和心理障碍。1953年，迪奥普在《黑非洲的斗争》（La lutte en Afrique noire）一文中提醒非洲政治行为主体，必须超越反殖民斗争的民族框架，在非洲大陆层面就反殖民斗争进行协调。换言之，迪奥普主张对整个大陆的民族解放运动进行协调。

---

① Pathé Diagne, *Cheikh Anta Diop et l'Afrique dans l'histoire du monde*, Editions Sankoré/L'Harmattan, Paris, 1997, pp. 22 – 23.

② Cheikh Anta Diop, Étude de linguistique ouolove. Origine de la langue et de laracewalaf, *Présence Africaine*, n°4et5, Paris, 1948, pp. 672 – 684、849 – 853.

1956年1月，他的文章《热带警报》（Alerte sous les tropiques）探讨了非洲社会在冲突的国际社会中进行工业化建设所需的能源和人口资源潜力。1957年7月，他的文章《一个寻找自我历史的大陆》（Un continent à la recherche de son histoire）回顾了去殖民化前夕出现的非洲文化问题。1956年和1959年，在第一次和第二次黑人作家和艺术家大会上，迪奥普做了两次学术发言：一是《文化的贡献和前景》，二是《黑非洲的文化统一》，它们综合了1948年至1960年迪奥普发表的社会和人文科学著述提出的论点。这些著作在非洲存在出版社结集出版，包括1954年的《黑人民族与文化》、1959年的《黑非洲的文化统一》（*L'unité culturelle de l'Afrique noire*）和1960年的《前殖民时期的黑非洲》（*L'Afrique noire précoloniale*）。

1960年，也就是他回到非洲的那一年，迪奥普在非洲存在出版社出版了《基础》一书。该书就去殖民化之后如何组织非洲社会的经济、技术、工业、科学、制度和文化提出了政策建议。根据Ankhonline网站（http：//www.ankhonline.com）的说法，该书“涉及建设现代非洲面临的所有主要问题：在各级公共生活中引入和使用民族语言，掌控教育、公民和政治体系；非洲大陆的能源设施建设；基础研究的发展；妇女在政治机构中的代表性；安全；建立一个民主的联邦国家等”。

帕泰·迪亚涅认为，随着这些作品的出版以及他在索邦大学获得历史学博士学位，迪奥普结束了巴黎学术阶段。迪奥普青年时代的研究具有政治上的先锋性，它抨击了殖民意识形态话语，从而为非洲的政治、经济和文化独立奠定了基础。其著作的另一个特点是科学上的先进性，在非殖民化之前抨击了殖民认识论，从而为非洲的知识独立奠定了基础。

（二）迪奥普青年时代作品的政治先锋性

迪奥普的早期著作在政治上具有先锋性。迪奥普撰写这些作品时非洲还处在殖民时期，他是少数提出民族独立问题的非洲知识分子之一，而当时大多数讲法语的非洲政治家仅仅要求土著居民和殖民者享有同等权利。他第一次提出非洲殖民地独立问题的文章可为佐证。①

1974 年，迪奥普回忆道："1952 年 2 月，在我担任非洲民主联盟学生部秘书长时，我们提出了黑非洲政治独立和未来联邦制国家的问题。这篇文章当时只是即将出版的《黑人民族与文化》一书的摘要，它从政治、语言、历史、社会等层面探讨了上述问题。当时，除了马达加斯加议员和喀麦隆领导人鲁本·乌姆·恩约贝（Ruben Um Nyobé），还没有讲法语的非洲黑人政治家敢谈论独立、非洲文化和非洲民族。今天关于这个问题的说法几乎都是伪造的，至少可以说是公然的谎言。非洲独立之父们撰文回顾而不是反驳这些被积极使用的概念是有意义的，即使他们把自己的写作日期提前了。"②

迪奥普早期的著作将民族独立这一先锋性的概念引入了政治叙事。在 1952 年的文章中，迪奥普指出，非洲人民正遭到全面的统治，对外国列强的依赖涉及政治、经济、文化、社会、精神、技术和科学等各领域。因此，迪奥普认为，非洲人民只有采取全面解放的办法才能摆脱这种全面的统治。这种全面解放的解决办法不应将民族独立局限于重新获得领土主权和国际法律人格，而是应扩大到

---

① Cheikh Anta Diop, Vers une idéologie politique en Afrique noire, in *La voix de l'Afrique noire*, organe des étudiants du RDA, Paris, février, 1952.

② Cheikh Anta Diop, *Les fondements économiques et culturels d'un Etat fédéral d'Afrique noire*, Présence africaine, Paris, 1974.

对经济、政治、文化、技术、科学、军事、语言和精神领域的有效控制。这种全面解放的解决方案才是迪奥普所说的民族独立。

换言之，迪奥普设想的民族独立不只是国际公法意义上的（领土、人民和政府获得国际法人资格），而是指向更广泛意义上的国内公法（人民行使政治、经济、文化、语言、技术、科学和精神主权）。从这两个法律分支的角度看，国家独立的组成因素存在着根本的区别。前者意味着领土独立和国际法律人格，即与所有国家一起平等参与国际关系。后者则要求获得对所有方面的控制，以赋予一个民族或国家掌握历史主动性的能力，亦即创造赖以存在的物质和非物质条件的能力。

从这个角度看，我们可以认为，迪奥普把民族独立看作一个重新获得全部主权的计划，包括政治、经济、文化、技术、科学、军事、语言和精神主权。重获这种主权需要非洲人民在知识（精确科学和社会科学）和技能（制度、艺术、技术和工业）的所有领域进行高水平的创造性活动。换言之，要在所有知识和技能领域重新获得他们的创造性能力。这就是为什么从迪奥普的早期著作中可以清楚地看到，民族独立作为一个重新获得全部主权的计划，需要非洲人民重新获得历史主动性，即重新获得创造力、发明力和创新力；只有拥有了这种能力，一个民族才能依托其文化遗产中的创造力源泉，去获得创造自身赖以存在的物质和非物质条件的能力。在政治学上，重新获得这种能力的过程被称为历史复兴进程。迪奥普的第一篇政论文的标题是“什么时候可以谈论非洲复兴”（Quand pourra-t-on parler de renaissance africaine），这绝非巧合。因此，早在 1948 年，迪奥普就在非洲复兴的愿景下思考非洲国家的民族独立。

因此，在迪奥普的早期作品中，民族独立被理解为一个历史复兴计划。迪奥普提出民族独立的概念，指出了为建设未来的现代非洲所应采取的政策，这是具有开创性的愿景。早在 1960 年，他就在《基础》一书中阐述了这一政策愿景。有一件事是肯定的，如果新独立的非洲国家采纳了迪奥普在这本书中建议的政策，非洲大陆今天本应是世界上最强大的实体之一。不过还不算太晚，我们非洲人仍然可以将迪奥普在这本著作中提出的建议付诸实施，大步走向现代非洲的未来。

（三）迪奥普青年时代作品的科学先锋性

迪奥普的早期作品从科学角度看是非常领先的。在殖民时代，他的前三部著作——《黑人民族与文化》《黑非洲的文化统一》《前殖民时期的黑非洲》——在认识论上与当时在非洲历史和政治学研究领域占主导地位的欧洲中心主义知识分子群体分道扬镳。事实上，即使在去殖民化之前，迪奥普青年时代的作品已经摧毁了殖民大厦的整个认识论和意识形态上层建筑。换言之，其作品破坏了整个知识分子群体所依赖的欧洲中心论话语，这种话语一方面为欧洲对世界的统治提供了历史合法性，另一方面妄称非洲人民只能从服膺和参照欧洲国家模式的角度来看待现代性。此外，在殖民时代，迪奥普的研究揭示了一个新的知识体系，以新的方式阐明了非洲历史和世界历史的方方面面，这些内容过去由于欧洲中心主义意识形态对历史教学的影响而模糊不清。可以说，从科学的角度看，迪奥普的作品把历史学从欧洲中心主义意识形态的谬论中解放出来。迪奥普对于重新书写历史的科学贡献是巨大的。

二　迪奥普思想成熟期特别具有启发意义的著述：用另一种方式思考未来

以下是对迪奥普 1960 年至 1986 年著述的分析。

（一）1960—1986 年迪奥普的学术发展

1960 年回到非洲后，桑戈尔政府禁止迪奥普在达喀尔大学教书。当时法国学术权威不希望看到迪奥普的第一本书《黑人民族与文化》的观点在非洲大学中传播，而桑戈尔政府与之观点一致。当然，迪奥普还是得到了黑非洲基础研究所（IFAN）研究实验室的泰奥多尔·莫诺（Thédore Monod）教授的聘用，但他的工资只是达喀尔大学助教工资的一半。

迪奥普明白情势，并未生事，采取了隐忍的态度。他加入了黑非洲基础研究所，并在里面建立了一个碳 14 测年实验室。他继续自己在精确科学和人文社会科学领域已经开展的各项工作。直到 1981 年阿卜杜·迪乌夫任总统，迪奥普才最终获得在达喀尔大学的教职。他后来指导了一些博士生，其中一位后来成为埃及学领域最博学的学者之一，那就是阿布巴克里·穆萨·拉姆（Aboubacry Moussa Lam）。

因此，1960 年至 1986 年，迪奥普在黑非洲基础研究所的实验室继续他的科学研究，并出版了 4 本重要著作，深化了他在 1954 年、1959 年和 1960 年出版的先锋性著作中已经表达的观点。这些思想成熟期的著作包括：非洲存在出版社 1967 年出版的《黑人文明的先存性：神话还是历史事实》（*Antériorité des civilisations nègres, Mythe ou vérité historique*），达喀尔 IFAN-NEA 出版社 1977 年出版的《法老埃及和黑非洲语言的基因亲缘关系》（*Parenté génétique de l'égyptien pharaonique et des langues négro-africaines*），非洲存在出版社 1981 年出版的《文明或野蛮》（*Civilisation ou Barbarie*）和 1988 年出版的《关于古埃及语和现代非洲黑人语言的新研究》（*Nouvelles recherches sur l'égyptien ancien et les langues négro-fricaines modernes*）。这些著作的特点在于它们的启发性，它们为研究者和思考者提供了一整套文献，使他们能够以另一种方式思考人类的未来和历史学科的教学。

（二）迪奥普思想成熟期著述的启发维度

迪奥普思想成熟期著述的特点是从历史科学的角度，特别是非洲史学的角度，给人们带来启发。它们使非洲研究在历史研究领域获得自主性。这意味着，非洲的研究者从此可以从非洲人民的历史经验出发，去探讨社会科学和人文科学的重要主题。事实证明，这一历史经验对于如何组织以现代、解放、效率和理性为前景的社会富有启示价值。从这个角度看，可以说迪奥普的著述为非洲和各国研究者提供了另一种国家组织艺术的视角。这一视角的批判性研究表明，引领国家组织方式的西方生产主义模式已陷入文明的困境，迪奥普则对此提出了替代方案。[①]

从非洲人视角提出的国家组织替代方案有一个特征，那就是要建立一个非洲启发式“图书馆”，或者说是一个涵盖法老和后法老时代的知识体系。该“图书馆”具有重要的科学和政治价值。[②] 从科学角度看，它为人们了解新石器时代以来非洲人民在制度、经济、技术、科学、艺术、建筑、哲学和宗教领域的历史轨迹提供了一个特别具有启发性的知识库。从政治角度看，这座“图书馆”所承载的知识体系可以启发非洲青年从非洲复兴的角度，在上述所有领域开展发明和创新。[③]

同样重要的是，从政治角度看，这个“图书馆”提供的知识体系，可以启发世界上所有的进步潮流，为后殖民时代非洲社会的困境，特别是生产主义的西方社会造成的文明困境找到替代性解决方

---

① 可参阅《非洲现代性之路》第三部分。

② 可参阅《非洲现代性之路》第四部分。

③ 可参阅《非洲现代性之路》。

案。也就是说，这个非洲“图书馆”提供的极具启发意义的知识库，有利于创造一种具有现代性的替代方案，一方面可以打破西方现代性经验导致的人类困境[①]，另一方面可以打破后殖民时代发展政策导致的非洲社会僵局。

因此，这座启发式的非洲“图书馆”着眼于解放、效率和理性的前景，为建设和保持文明提供重要的信息源。关于非洲启发式“图书馆”所提供的替代解决方案，请阅读《非洲现代性之路》第四部分中的第4、5、6、7章。[②] 非洲年青一代将从这个“图书馆”中受到启发，去建立一个新的知识体系，从而提出建设非洲国家所需的新办法，而这个国家将再次在历史上成为地缘政治、政治、经济、技术和科学的创新中心。从这个意义上说，迪奥普是未来现代非洲之父。我们也可以说，迪奥普是人类文明振兴之父，人类文明振兴是他著述的重要主题。正是这个主题推动着迪奥普的著作在全球范围内的传播。

三　以非洲灵感为研究主题，对世界进程进行人文解读

正是从非洲历史的可证起源出发，迪奥普将黑非洲社会的真实历史轨迹还原为历史学。但他对历史学的贡献不限于黑非洲人民，还涉及关于智人起源的理解，以及对于欧洲、东方和亚洲文明形态的理解。他在这些领域贡献巨大，不仅使我们能从一个新的角度重写整个人类历史，而且最重要的是，使人类各大文化区能够认识到各自的起源、利益和命运。

① 可参阅《非洲现代性之路》。
② 可参阅《非洲现代性之路》。

从这个角度看，迪奥普的工作有助于通过人民之间的兄弟情谊，通过认识让·齐格勒（Jean Ziegler）所说的人类基因身份，来构建各国之间持久和平话语。[①] 这就是泰奥菲勒·奥本加在《新历史》（*Pour une Nouvelle Histoire*）（非洲存在出版社出版）一书中表达的重要观点，世界上所有的图书馆都应该收藏这本书。

本节中，我们将介绍迪奥普对人类历史智慧，特别是对非洲历史智慧做出了哪些贡献，以及对书写人类历史和人类史诗的人文版本做出了哪些贡献。

（一）对世界史学的贡献

迪奥普对历史科学的贡献在于从基因角度理解人类历史，包括人类的起源、分化类型，以及决定欧洲、非洲、东方和亚洲文明格局的因素。[②]

1. 智人的起源和第一次迁徙

迪奥普是第一个完全支持人类单一基因和非洲起源论的人。[③] 1969 年，迪奥普全面地阐述了他的观点。1969 年 9 月 2 日至 5 日在巴黎举行的联合国教科文组织研讨会上，迪奥普做报告提出了有关观点。该研讨会由波尔多科学院的博尔德教授主持，主题是“现代人的出现”[④]。

---

① Jean Ziegler, *Retournez les fusils ! Manuel de sociologie d'opposition*, Seuil, Paris, 1980. 该书 1991 年和 2014 年分别修订增补。也可参阅 Jean Ziegler, *Main basse sur l'Afrique*, Seuil, Paris, 1978，该书 1980 年出版修订版。

② 要了解迪奥普在历史学方面的贡献，可阅读 Théophile Obenga, *Cheikh Anta Diop, Volney et le Sphinx: contribution de Cheikh Anta Diop à l'historiographie mondiale*, Présence africaine/Khepera, Paris, 1996。

③ Cheikh Anta Diop, L'apparition de l'Homo sapiens, in *Bulletin de l'IFAN*, série B, Tome XXXII, No 3 – 4, 1970, pp. 623 – 641; L'unité d'origine de l'espèce humaine, in *Actes du colloque d'Athènes: Racisme science et pseudo-science*, Paris, UNESCO, coll. Actuel, 1982, pp. 137 – 141.

④ Cheikh Anta Diop, in *Bulletin de l'IFAN*, tome XXXII, série B, n° 3, 1970.

在他的报告中，迪奥普回顾了当时古生物学家在人类起源问题上两个对立的论点。根据人类化石的形态及其对应的石器文化，专家们有的持人类起源一元论，有的持多元论。迪奥普随后提出了自己的结论，他认为人类是单一起源，而且是从非洲起源的。迪奥普认为，这个论点应该引起科学界的关注，因为它涉及化石头骨年代学、岩画构成的地理界碑、史前石器文化的地理扩散、适应气候对表型和额叶的影响（智人化石的唯一指标）等有说服力的事实。

今天，古生物学界认同了迪奥普的论点，认为智人即解剖学意义上的现代人出现于非洲，因为正是在这个大陆上发现了智人最古老的化石，那就是奥莫人头骨，其年代为公元前 19.5 万年。[①] 史前史学家古特·布洛尔（Günter Bräuer）认为："对过去 50 万年非洲原始人的研究表明，解剖学意义上的现代智人在 13 万年前就存在于撒哈拉以南非洲，当时在欧洲，晚期尼安德特人仍在进化中。"[②] 古生物学界的共识是，这个解剖学意义上的现代非洲人，在旧石器时代晚期通过连续的移民潮，乘船或走陆路，从非洲来到澳大利亚、亚洲、东方、欧洲和美洲。这些非洲智人，或者说蒙图人（muntu，班图语的"人"）、尼特人（nit，沃洛夫语的"人"）和格贝托人（gbeto，丰语的"人"），在其他大陆定居，并带去了最早的石器文化和艺术活动。

2. 智人表型的分化

解剖学意义的现代人的单一起源和非洲起源还有一个后果，迪奥普是第一个揭示这个后果的人。这就是最早的智人的黑皮肤特征。这是因为智人出生在有利于皮肤色素沉着的气候环境中。一个问题出现了：我们如何解释智人的人种多样性？迪奥普是第一个回

① *Nature*, Vol. 433, 17 february 2005.

② Günter Bräuer, L'origine africaine des hommes modernes, *Ankh*, N° 3, juin 1994, p. 133.

答这个问题的人，他解释了气候如何影响到不同人种的出现。

迪奥普所说的人种的出现不是基因型（生物学）意义上的，而是表型（皮肤颜色）意义上的。迪奥普对这个问题的解释是颜色外观即表型在气候影响下发生了分化。他在自己最后一部著作中对这个观点进行了精彩而全面的阐述。

迪奥普写道:“所有其他人种或多或少都是直接源自黑人血统，其他大陆的人都是从非洲移民而来，无论是直立人还是智人……”①迪奥普将这一观点扩展如下:“人种分化发生在欧洲，可能是在法国南部和西班牙，时间是维尔姆冰期晚期，公元前 4 万到 2 万年间。从上述事实看，我们现在明白了为什么欧洲最早的居民首先是格里马尔迪（Grimaldi）黑人，他们创造了欧洲旧石器时代晚期第一个石器文化，即奥瑞纳文化（industrie aurignacienne）。一些人认为，早期佩里戈尔（Périgordien）文化比奥瑞纳文化出现得更早，是纯粹的欧洲石器文化，其创造者是真正的欧洲土著库姆卡佩尔人（combecapelle），而格里马尔迪黑人是入侵者。这么说是忘记了库姆卡佩尔人是典型的黑人，就像格里马尔迪人一样，两者都属于同一种人类学类型；这就是为什么早期佩里戈尔人和奥瑞纳人最初被认为是属于同一个石器文化。格里马尔迪黑人在整个欧洲和亚洲留下了无数痕迹，从伊比利亚半岛到西伯利亚的贝加尔湖，中间经过法国、奥地利、克里米亚、顿河流域等。关于后两个地区，已故的苏联教授、一位非常客观的学者格拉西莫夫（Guerassimov）确认在中期穆斯特文化（moustérien）中发现了黑人头骨……从形态学上看，第一个白皮肤的人大约两万年前才出现，这就是克罗麦格农人（cro-magnon）。这很可能是在最后一个冰期末期，格里马尔迪黑人在欧洲寒冷的气候下存在了两万年之后发生基因突变的结果……香

---

① Cheikh Anta Diop, *Civilisation ou barbarie*, Présence Africaine, Paris, 1981, p. 19.

斯拉德人（Chancelade）可能是黄种人的原型，约1.5万年前的驯鹿时代出现于玛格达伦（Magdalénien）。这是一个出生在寒冷气候下、由最终止步于欧洲的格里马尔迪人和新克罗麦格农人混血而成的人吗？不管怎么说，鉴于他的长头颅，他可能只是一个古西伯利亚人，而不是一个真正的黄种人（如中国人或日本人），后者通常是短头颅，我们知道在旧石器时代晚期不存在这种形态特征；中石器时代（约公元前1万年）出现了长度适中的头颅，而短头颅则出现得晚得多。黄种人、闪米特人（阿拉伯人或犹太人）等短头颅人种在中石器时代的边缘才出现，可能是由于大规模的迁徙和随后的混血……因此，人类起源于非洲，在欧洲分化为几个人种，那里在维尔姆冰期末期十分寒冷。如果人类是在欧洲出生的，它首先会是一种白皮肤动物，然后在赤道地区为保护身体免受紫外线的伤害，身体表皮出现黑色素屏障。因此，很有价值的一个判断是：非洲作为人类摇篮，无须特别地感到荣耀，因为这只是偶然；如果地球的物理条件不同，人类的起源就会不同。因此，这个报告的目的仅仅是尽可能科学和严谨地了解人类过去的发展过程，以便复原它们的全部意义，并为科学和文明奠定基础。”①

1985年，在布拉柴维尔举行的新闻发布会上，迪奥普作了进一步阐述：“事实上，人类的生理学表明，人类出生在热带地区温暖潮湿的气候下，而不是在温带地区。出生在非洲的人类必然会皮肤变黑，因为赤道地区紫外线辐射强度很大。人类迁徙到温带地区，通过选择和适应逐渐失去色素沉着。正是从这个角度看，在维尔姆冰期末期的气候条件下，经过两万年来格里马尔迪黑人的适应和演变，在欧洲南部的索留特累文化（Solutréen）出现了克罗麦格农人。所以克罗麦格农人不可能来自任何别的地方；它是格里马尔迪

---

① Cheikh Anta Diop, *Civilisation ou barbarie*, Présence Africaine, Paris, 1981, pp. 25 – 26.

黑人在当地基因突变的产物，史前考古学提不出任何有别于此的解释。对巴勒斯坦的狂热发掘并没有带来任何新的东西。理查德·里基（Richard Leakey）认为，即使是直立人，其肤色也必然变浅，其原因我前面提到格里马尔迪智人时已经谈及了。当直立人到达北方地区时，他们的皮肤必须变浅。对于智人来说那就更是如此了。”①

迪奥普的人种分化理论现在通过生物学和遗传学研究得到了证实和完善。例如，哈佛大学的科学家们研究表明，在欧洲，冰川环境下令皮肤颜色变浅的基因仅存在于公元前 8000 年左右的人类化石中。在这一时期之前，欧洲没有人类化石证明这些基因的存在。因此，这意味着，在欧洲，皮肤变白的过程只是开始于公元前 8000 年。最近两次化石测年都证实了这一点。

首先是英国发现的最古老的人类骨骼的年代测定。它的年代为公元前 1 万年，经过分析，它似乎是一个蓝眼睛黑皮肤动物的骨架。这是伦敦自然历史博物馆和伦敦大学学院的研究人员经过研究得出的结论。他们分析了 1903 年在英国西南部切达峡谷发现的英国最古老的骨骼“切达人”（Cheddar Man）的 DNA。这个年轻人是最后一个冰期结束后从中东迁移到北欧的狩猎采集者。在凉爽干燥的环境中，切达人的骸骨被一层天然的矿物质保护着。这些良好的保存条件使科学家能够找到可利用的 DNA。他们绘制了基因图，并确定了与身体特征相对应的序列。“切达人”的 DNA 具有与撒哈拉以南非洲普遍相关的皮肤色素沉着的遗传标记。

对欧洲中石器时代其他人类遗骸的研究也证实了这一发现，从而推翻了以往公认的理论，“直到最近，人们曾一直认为人类在大

---

① Cheikh Anta Diop, Apport de l'Afrique à la civilisation universelle, *Actes du colloque international: Centenaire de la Conférence de Berlin* 1884 – 1885, Présence Africaine, 1987, pp. 41 – 71.

约4.5万年前进入欧洲后很快就适应了皮肤变白”，科研团队的成员之一汤姆·布斯（Tom Booth）解释道。伦敦自然历史博物馆研究主任克里斯·斯特林格（Chris Stringer）向法新社表示：“我们知道，在过去的1万年里，随着农业的发展和饮食的改变，人类摄入维生素D减少，肤色变得更浅。”专门从事古生物重构的艺术家制作了“切达人”的半身像，呈现了这项科学研究的结论。今天，大约10%的英国白人的祖先与这些黑皮肤、棕色卷曲头发和浅色眼睛的狩猎采集者有关。其次是对“口香糖女士”的测年。在丹麦南部一个重要的挖掘地点希尔托姆（Yltholm），考古学家发现了一块有牙齿痕迹的桦树木块，距今5700年（中石器时代晚期/新石器时代早期）。DNA测试显示，这个东西曾被一个蓝眼睛棕色皮肤的女孩咀嚼。棕色皮肤是因为在冰期环境中能让皮肤颜色变浅的基因缺失。

因此，可以得出这样的结论：皮肤变白是一种新现象，直到公元前8000年之后才真正发生。

3. 文明的两个摇篮理论

大文化区呈现出文化多样性，这与表型多样性意义上的人种多样性相契合。迪奥普率先指出，这种契合并非源于表型多样性，而是源于表型形成的生态环境（温和气候、寒冷气候等）的多样性。

从这一点出发，迪奥普指出存在两个基本的文明摇篮。[①] 一方面，印欧摇篮的不同组成部分呈现出一种文化的统一性，迪奥普在其《黑非洲的文化统一》一书中对此作了阐述。另一方面，非洲摇篮的不同组成部分也呈现出一种文化统一性，迪奥普也在该书中进行了论述。迪奥普对印欧和非洲文化区的文化基础进行了比较分析。他分析了非洲文化的统一性，与之相对的是欧洲文化的统一

---

① Cheikh Anta Diop, *L'Unité culturelle de l'Afrique noire*, Présence Africaine, Paris, 1969.

性，而对这两个文明摇篮的比较分析则表明，在第一次接触和相互影响之前，它们在不同的文明领域有截然相反的表现。例如，欧洲父系氏族制的普遍性与非洲母系氏族制的普遍性相反。聘礼/嫁妆在欧洲人和非洲人当中都很普遍，但聘礼/嫁妆的受益者不同，在欧洲是男方家庭受益，而在非洲是女方家庭受益。

迪奥普认为，欧洲和非洲文明基础的这种反差并不像最早的人类学家所认为的那样，是历史演进的结果，而是人类祖先所处的生态环境差异造成的。后来，在这两个文明摇篮相遇后，出现了融合区，两个文明之间相互借鉴。迪奥普写道："……最初，在人们持续接触和互相影响的时代到来前，存在着人民之间的非本质但相对的差异。它们与气候和特定生活条件有关。那些长期生活在自己文明摇篮中的人持续受到环境的塑造。追溯这种原始的模具，就有可能识别哪些是叠加的外来影响。"[①] 生态环境影响父系氏族制和母系氏族制形成，对此感兴趣的读者可以读一下迪奥普关于黑非洲文化统一性的作品，必能从中受益。

4. 社会演变研究

在他最后一本著作中[②]，迪奥普将相当大的篇幅用于分析不同阶段和组织形式下社会演变的规律。他的分析从一个新的角度揭示了有关问题，例如：家庭和婚姻制度的诞生，不同类型国家的诞生，马克思主义所认为的城邦国家、亚洲生产模式国家和迪奥普重新定义的非洲生产模式国家的历史驱动力，决定历史上革命成败的因素，埃及衰落后非洲国家的形成和组织；殖民时代之前非洲和欧洲的政治和社会结构及其各自的发展；欧洲文艺复兴的社会历史和文化条件。在所有这些问题上，迪奥普的分析从根本上更新了那些

---

① 见该书序言 Cheikh Anta Diop, *L'Unité culturelle de l'Afrique noire*, Présence Africaine, Paris, 1969。

② Cheikh Anta Diop, *Civilisation ou barbarie*, Présence Africaine, Paris, 1981.

经典著作的观点。通过这些分析，他更新了历史社会学，取代了建立在社会进化论之上的历史决定论，这是他留给我们的遗产。

5. 全球文明的构建

迪奥普作品中贯穿着一种让人类与自己和解的哲学。在他最后的著作中[①]，迪奥普将部分篇幅用于分析“一种基于科学和科学经验、也许有一天能够使人类与自己和解的新哲学出现的前提”[②]。对这种新哲学的关注符合迪奥普的一贯主张，即人类必须永远摆脱种族主义、种族灭绝和各种形式的奴役。迪奥普的最终目标是文明战胜野蛮。他衷心希望看到一个时代的到来，届时世界各国携手“建设全球文明，而不是陷入野蛮状态”[③]。

当然，迪奥普认为，这样一个普天之下皆兄弟的计划要想取得成功，必须满足一些条件。它意味着我们要接受再教育，改变对人类的理解。迪奥普写道：“气候创造了不同人种的外观，从而划定了人种界限，‘非我族类’的想象和由此产生的本能行为在历史上为害甚烈。从古代到现在，一些民族在历史上消失了，不是因为他们生来就不如人，而是因为他们的外表和文化差异。在历史和社会关系中人种的概念体现在表型层面，即在外表上：祖鲁人在基因上比瑞典人更接近南非白人总统沃斯特（Balthazar Johannes Vorster），但这无关紧要，重要的是祖鲁人的皮肤是黑色的。因此，我们需要在理解人类的问题上接受再教育，抛开不同种族的外表差异，而专注于摆脱了人种坐标的人类。”[④] 迪奥普认为，这种再教育对于全球文明时代的到来不可或缺，必须谴责现代史的谬误，重申人类的生物统一性。

---

① Cheikh Anta Diop, *Civilisation ou barbarie*, Présence Africaine, Paris, 1981.

② Cheikh Anta Diop, *Civilisation ou barbarie*, Présence Africaine, Paris, 1981.

③ Cheikh Anta Diop, *Civilisation ou barbarie*, Présence Africaine, Paris, 1981.

④ Cheikh Anta Diop, L'unité d'origine de l'espèce humaine, in *Actes du colloque d'Athènes: Racisme science et pseudo-science*, Paris, UNESCO, coll. Actuel, 1982, pp. 137 – 141.

关于谴责现代史谬误的问题，迪奥普写道："现代人只有下决心明确承认科学解释的错误（即使在非常棘手的历史领域），正视造假行为，揭露对人类遗产的伤害，才能在思想意识上获得真正的进步。将道德体系建立在最可怕的造假之上，称自己无罪，要求受害者忘却，以便更好地向前迈进，这是自欺欺人的幻想。"[①] 迪奥普希望倡导再次明确人类的生物统一性的观点，将其作为新的教育基础，摈弃任何种族不平等和等级化思想。迪奥普写道："所有智人都有相同类型的前脑：现代人和尼安德特人的区别在于大脑的前额叶。这种差异在智人亚种之间不可能存在。当然，我们知道，多样性在任何地方都是普遍存在的，通过将人种转变为由如此多不同个体组成的群体，物种的适应能力无限增加，生存机会增加了 10 倍。生物学家说，地球上没有两个完全相同的人类大脑，也没有两个完全相同的个体，这对物种来说是好事。但这些差异不应导致人种等级制度：黄种人被认为比高加索人种的大脑容量小，但欧洲目前的工业计划却是要赶上日本人！"[②]

正如迪奥普所说："我们需要在理解人类的问题上接受再教育，抛开不同人种的外表差异，而专注于摆脱了人种坐标的人类。"[③] 哲学家、社会学家和政治学家有责任发展迪奥普提出的这一观点。

（二）对非洲史学的贡献

迪奥普是第一位对非洲历史发展的各个阶段进行分析的历史学家。这个阶段始于公元前 8 万年，止于公元 1500 年。迪奥普从理

---

① Cheikh Anta Diop, *Antériorité des civilisations nègres-mythe ou vérité historique?*, Présence Africaine, Paris, 1967, p. 12.

② Cheikh Anta Diop, L'unité d'origine de l'espèce humaine, in *Actes du colloque d'Athènes: Racisme science et pseudo-science*, Paris, UNESCO, coll. Actuel, 1982, pp. 137 – 141.

③ Cheikh Anta Diop, L'unité d'origine de l'espèce humaine, in *Actes du colloque d'Athènes: Racisme science et pseudo-science*, Paris, UNESCO, coll. Actuel, 1982, pp. 137 – 141.

性的角度研究非洲历史，也就是遵循历史学的科学方法，具体包括：提出一个假设，接受可信的证据检验；把历史因果关系作为科学调查的方法[①]；从历时而不是共时的角度解释历史材料。

迪奥普的研究使人们认识到，非洲历史的演进伴随着丰富的史实演进，无论是政治制度、社会和经济组织、宗教和哲学机构，还是技术和科学成果，非洲都有创造、发明和创新。具体而言，在此种历史认知当中，非洲人民在许多文明领域有着先进的历史创造，包括思想（宗教、哲学、宇宙起源等）、制度（个人权利、领土国家、宪制国家）、科学（数学和医学）、技术（纪念碑建筑、冶金）、艺术（肖像、雕塑）、经济（繁荣的农业、区域和国际贸易）。

在所有这些领域内，非洲人民都是先行者，堪为人类其他地区人民之师。他们在文明上的创造使亚洲和欧洲人民步入文明。也就是说，迪奥普的研究提供了一个时间、地理和文化框架，使人们能够在从史前到当代的漫长时间内，书写和理解非洲历史的来龙去脉。我们正在编写一本书，从非洲历史分期的角度探讨这些来龙去脉。[②] 有两本书评价了迪奥普对于揭示非洲人民历史轨迹的贡献，作者分别是泰奥菲勒·奥本加教授[③]和阿布巴克里·穆萨·拉姆[④]。

迪奥普关于非洲历史的研究主题包括：法老时代的埃及人民与撒哈拉以南非洲当代人民之间的文化和血缘联系，非洲文明的古老

---

① 奥本加认为：历史因果是在事实、事件之间建立因果关系，并不涉及精确科学意义上的持续和规律的关系和规则。参见 Théophile Obenga, *Cheikh Anta Diop, Volney et le Sphinx: contribution de Cheikh Anta Diop à l'historiographie mondiale*, Présence africaine/Khepera, 1996, Paris, p. 358。

② Jose Do nascimento, *La périodisation de l'histoire africaine*。本书作者正在撰写中。

③ Théophile Obenga, *Cheikh Anta Diop, Volney et le Sphinx: contribution de Cheikh Anta Diop à l'historiographie mondiale*, Présence africaine/Khepera, Paris, 1996.

④ Aboubacry Moussa Lam, *Les chemins du Nil: les relations entre l'Egypte ancienne et l'Afrique noire*, 1997, Présence Africaine/Khepera, Paris, 1997.

历史和非洲对文明的贡献，后法老时代的非洲移民，黑非洲的文化统一性以及殖民前非洲社会的文明水平。

1. 古埃及与撒哈拉以南非洲的亲缘关系

迪奥普从人口表型、政治制度、宗教和哲学、口头语言等方面分析了两者之间的亲缘关系。这是一种文化和血缘上的亲缘关系，通过阅读迪奥普的《黑人民族与文化》以及联合国教科文组织出版的《非洲通史》第二卷迪奥普所撰写的部分，可以充分了解这一点。①

2. 非洲文明的先存性和非洲对文明的贡献

迪奥普就此在多个领域开展了研究：冶金、文字、科学（数学、天文学、医学）、艺术和建筑、文学、哲学、宗教（非洲古老的一神教先存于其他宗教）等。他特别指出，其他主要文化区（欧洲、东方和亚洲）是在接触非洲文明之后获得文明的。关于这一点，我们应该阅读迪奥普关于非洲文明先存性的作品以及他在布拉柴维尔研讨会上的发言。②

3. 后法老时代的非洲移民

通过对地名和民族名称的研究，迪奥普梳理了波斯人入侵导致法老的大都市衰落之后，非洲人口迁徙的主要线路。③ 正是来自尼罗河谷的移民解释了地理上相距遥远的非洲人民之间的文化亲缘关

---

① Cheikh Anta Diop, Origine des anciens Égyptiens, in *Histoire Générale de l'Afrique, Vol. II, Afrique ancienne*, Comité scientifique international pour la rédaction d'une Histoire générale de l'Afrique, UNESCO, Jeune Afrique/Stock/Unesco, 1980.

② Cheikh Anta Diop, Apport de l'Afrique à la civilisation universelle, in *Actes du colloque international: Centenaire de la Conférence de Berlin* 1884 – 1885, Présence Africaine, Paris, 1987, pp. 43 – 71.

③ Cheikh Anta Diop, Introduction à l'étude des migrations en Afrique centrale et occidentale. Identification du berceau nilotique du peuple sénégalais, in *Bulletin de l'IFAN*, série B, Tome XXXV, n° 4, 1973, pp. 769 – 792; Cheikh Anta Diop, Pour une méthodologie de l'étude des migrations, in *Ethnonymes et toponymes africains*, *Histoire générale de l'Afrique*, *Études et Documents*, 6, UNESCO, Paris, 1984.

系。例如，沃洛夫人和孔戈人在姓氏（Kumba、Ngom、Samba、Batchi 等）、亲属关系（Yaye、Mam）、环境（Ntangu）、亲密关系（Lal、Kat）或语言表达（AM 表示“给予”，MA 表示“接受”）等方面有着共同的语言遗产。

4. 非洲的文化统一

迪奥普在政治制度、宗教和哲学、母语[①]等领域分析了这种文化统一。泛非主义的支持者必须认识到，这种文化统一可以成为建立非洲联邦国家的强大杠杆。毫无疑问，当非洲人民意识到他们的文化亲缘关系时，他们将会团结一致。这种团结将使秉持建立非洲联邦国家理念的政党获得选民的巨大支持。因此，泛非主义的支持者应该知道，他们的理念能否在选举中胜出，并不取决于是否在非洲人民中传播他们的纲领，而是取决于是否在非洲人民中传播那些证明他们文化亲缘关系的事实。

5. 前殖民时期非洲社会的文明程度

这是迪奥普的著作《前殖民时期的黑非洲》（*L'Afrique noire précoloniale*）为后人所做的杰出工作。[②] 迪奥普从历史学的角度还原了殖民前非洲的社会阶层、政治组织、经济组织、知识水平、教育体系和技术水平。泰奥菲勒·奥本加有理由认为，随着这本书的出版，“经过艰辛但充满人文视角而无私的科学研究，非洲历史在孤独中诞生，此后十年间经历了各种考验，最终使迪奥普获得了索邦大学国家文学博士学位。他的独创性很快就得到了认可”。

（三）对书写人类历史人文版本的贡献

今天所教授的历史是一部冲突的历史。这一版本的历史是一种

① Cheikh Anta Diop, *L'Unité culturelle de l'Afrique noire*, Présence Africaine, Paris, 1959, 1982; Cheikh Anta Diop, *Parenté génétique de l'égyptien pharaonique et des langues négro-africaines*, IFAN-NEA, Dakar, 1977.

② Cheikh Anta Diop, *L'Afrique noire précoloniale*, Présence Africaine, Paris, 1960, 1987.

民族间相互对立的想象，在它们之间造成了不可逾越的鸿沟。正是这些鸿沟使各国人民之间的任何友谊都成为乌托邦。然而这种乌托邦本来是可以成为现实的。要做到这一点，只需要用人民间相互接近的历史版本来滋养人民的想象力，就足够了。迪奥普就是以这个版本的历史为研究对象的。

在什么条件下人们可以意识到人类的各个群体其实拥有着共同的基因？迪奥普是第一个回答这个问题的学者。他在充分论证（考古化石和气候影响）的基础上，首先提出人类单一起源的论点，以及表型即物理外观在气候的影响下被区分开来的论点。[①] 通过展现人类生态和文化经验的多样性，展现人类征服自然的幸福及其创举的悲剧性这二者间的反差，迪奥普使书写全人类史诗而不是某民族历史成为可能。

从这个角度来看，迪奥普的历史学著作具有国际影响。它们应该在世界各国得到教授。迪奥普讲述人类史诗的方式，使得书写人类历史的人文版本成为可能。迪奥普写道："我们都渴望人类物种概念在思想和意识上获得胜利，这样特定种族的特定历史就可以在人类的历史面前干脆地消失。然后，我们只需用一般的术语来描述整个人类征服文明的重要阶段，而不用再考虑偶发的、毫无意义的独特性。削石为器的时代与火的使用、新石器时代与农业的发现、金属时代与文字的发现等，都将被描述为人与自然辩证关系的动人时刻，被描述为人类成功应对大自然的一系列'挑战'的过程。"[②] 这就是我们所说的历史阅读和教学新视野的指导方针。这一视野的独特之处在于，它具有人文历史的品质。

---

① Cheikh Anta Diop, L'unité d'origine de l'espèce humaine, in *Actes du colloque d'Athènes: Racisme science et pseudo-science*, Paris, UNESCO, coll. Actuel, 1982, pp. 137 - 141; L'apparition de l'Homo sapiens, in *Bulletin de l'IFAN*, série B, Tome XXXII, No 3 - 4, 1970, pp. 623 - 641.

② Cheikh Anta Diop, *Antériorité des civilisations nègres-mythe ou vérité historique*?, Présence Africaine, Paris, 1967.

有一位历史学家从迪奥普著作为历史学提供的博爱视角出发，对历史进行了人文解读。这就是泰奥菲勒·奥本加教授。他写了一本关于人类文化史的好书，即《新历史》，非洲存在出版社于1980年出版。这本书是一个范本，说明了世界各国该如何撰写和教授历史。哲学家和外交官一直梦想永久和平，奥本加通过这本书提出的对历史的看法，推动创造实现这一梦想的心理条件。联合国教科文组织应将这本书翻译成多种语言，并建议在大学和学术机构中予以研究。在外交官未能在国家间实现持久和平的地方，只要在高中和大学课程中教授奥本加的这本书，目标就能够实现。

第四章

迪奥普的政治准则：非洲重获历史主动性的前提条件

本章探讨的是构成迪奥普政治思想的政治观点。他的思想诞生于殖民时代，是展望未来的政治蓝图的一部分。对迪奥普来说，这意味着在殖民时期预测非洲人民和非洲国家在去殖民化之后将面临的问题。迪奥普的蓝图基于他对当时以及时至今日仍然存在的国际关系格局的分析。正是这一政治愿景促使迪奥普进行了一项具有前瞻性的研究课题，其目标是确定建立主权国家的前提条件，以再次将非洲社会组织成为一个物质繁荣、公众自由、精神祥和、科技进步的空间。换句话说，就是使非洲社会成为在政治、经济、文化、科技、科学和精神上具有创造性的一极。

迪奥普通过研究归纳出 12 个先决条件。这些条件涉及地缘政治、社会学、认识论、心理学、经济、政治、教育、知识、宗教、范式、慈善、战略和战术等各个方面。可以看出，时至今日，这些先决条件仍具有很大的现实意义。① 从组织的角度看，这些条件涉及即将建设起来的“非洲国”的政治、经济、教育、信仰、技术和科学领域的组织工作。从批判性分析角度看，这些先决条件可以被

---

① Jose Do Nascimento, Actualité de la pensée politique de Cheikh Anta Diop, in *Tribune Africaine* (ex African review JONCTION), n°1, 1er trimestre 1983, Paris.

视为有待实施的大政方针，用于实现非洲社会的历史性复兴，即让非洲人民重新获得历史主动权。

因此，迪奥普的政治思想在历史性复兴计划的制订当中发挥着根本性的作用，也就是说，是一个让非洲人民重新获得历史主动权的计划。为此，迪奥普制定了一套组织方针。这些方针是实现主权需要满足的先决条件，其目标是再次实现非洲社会的物质繁荣、公众自由、精神祥和及科技进步。正是这些以先决条件形式出现的方针，构成了迪奥普政治思想的内容。他的政治思想有一个特殊性，它并非基于意识形态，而是基于政治前瞻，这正是迪奥普的政治思想具有独特性和原创性的原因。

我们将首先介绍在迪奥普政治思想的议题设置中发挥决定作用的背景因素，即国际关系，然后再阐述构成迪奥普政治思想的 12 个先决条件。

一 国际关系对迪奥普政治思想导向的影响

20 世纪 40 年代末，非洲仍处于殖民统治之下，迪奥普尚是一名年轻学生，但他坚信，非洲独立势不可挡。这种信念并非来自对国际关系动态的盲目乐观；第二次世界大战后第三世界民族解放运动对世界发展的影响日盛，这深深启发了年轻的迪奥普。

年轻的迪奥普在 20 世纪 40 年代末所胸怀的乐观主义，是一种清醒的乐观主义。迪奥普意识到，当时的国际关系格局中存在着一些障碍，会妨碍非洲社会在殖民压迫结束后重获真正而完整的主权。这些障碍包括：世界强国动辄强加政治和军事干预的国际环境，学术界认识论上的欧洲中心主义以及跨国公司掠夺自然资源的固有逻辑。如何使非洲人民和非洲国家从去殖民化所处的国际背景出发，克服去殖民化之后所遭遇的障碍？迪奥普选择对相应的解决方案进行前瞻性思考。

正是这种选择使迪奥普区别于像他一样奋起反对殖民化的其他非洲同胞。他们中的大多数人关注反殖民主义运动，而迪奥普在参加这一运动的同时，已开始思考未来独立的非洲国家获得真正、全面主权的前提条件。这种前瞻性的方法使他从政治预见的角度来探讨非洲政治问题，而不是从意识形态批评的角度。根据维基百科的定义，预见是一种理性的方法，目的是在今天为明天做好准备。它不包括预测未来（占卜或未来学），而是在分析现有数据的基础上，根据对当下的认知，构思可实现和不可实现的方案。预见的主要功能是进行综合风险分析，并提出契合时代背景的设想，为个人和集体的战略决策提供参考。换句话说，预见是一个智力过程，目的是尽可能地预测社会的演变。它首先要阐明当前的选择，而这些选择将在中期或长期内产生可感知的影响。

正是这样一种前瞻性的方法，使得迪奥普在殖民时期把思考的重点放在未来非洲独立国家的生存条件上，而非反殖民斗争的问题。这是因为这些国家将诞生于一个不友好的国际环境之中。这是一个以政治和经济大国的干预欲望为标志的国际社会，当时美国政府和跨国公司在南美的行为已经证明了这一点。[①] 这种预见性的蓝图将成为他著述内容的基础。[②] 最重要的是，这种预见促使他就未来独立非洲国家如何拥有真正而完整的主权提出了一系列准则。

在迪奥普看来，制定这些准则迫在眉睫，因为非洲的反殖民解放运动带有一个缺陷，可能会给非洲社会独立后的命运带来风险。这个缺陷就是缺乏关于独立后非洲国家的整体性政治规划。1955年，迪奥普写道："自殖民主义入侵非洲以来，我们最缺乏的就是

---

① 关于美国干涉可参阅 Jean Ziegler, *Contre l'ordre du monde*, *Les Rebelles*, Edition du Seuil, Paris, 1983。

② 可参阅《非洲现代性之路》第一部分。

一个指导整体行动的伟大思想。”① 换句话说，迪奥普相信，未能在政治规划整体框架内获得的独立将走向自我的迷失。弗朗茨·法农有同样观点，他曾说非洲在独立前夕面临的最大危险是思想体系的缺乏。

在非洲独立60年后的今天，迪奥普的观点仍具有价值。撒哈拉以南非洲未能走出发展政策使其陷入的僵局，仅仅是因为它仍然缺乏一种能够推动独立的非洲社会走向现代非洲的整体行动指导思想。然而，在去殖民化的前夕，迪奥普已经概述了这一总体行动所需的主要指导方针。这些指导方针渗透在这一时期他在各种期刊上发表的文章中。因此，对于今天的非洲政治行为体们来说，他们需要采纳构成迪奥普政治思想的主要内容。如此，他们才能够改变国际力量对比关系，使之变得有利于非洲人民和国家。

二 非洲主权的地缘政治条件：消除后殖民时代非洲政治空间的南美化风险

事实表明，当代欧洲国家是在国家间竞争的背景下建立起来的，不是国际竞争，只是区域竞争。他们不必面对一个不利于其经济、政治、技术和科学进步的国际环境，他们无须首先摆脱世界强国的枷锁。这些强国的干涉、霸权和掠夺逻辑会在政治、经济、技术和科学进步方面形成重重障碍。

无论过去还是现在，当代非洲和南美国家都不同于欧洲国家。其国家建设一直且继续在不友好的国际环境中进行，这种环境妨碍它们在政治、经济、技术和科学等方面取得进步。因此，从这种环

① Cheik Anta Diop, Alerte sous les Tropiques, *Présence Africaine*, N°5, Décembre 1955 – Janvier 1956.

境的桎梏中解放出来，是这些民族和国家在上述各方面取得进步的前提和客观条件。迪奥普深刻理解到了这一点。他认为，这个先决条件早已成为非洲人民走向现代化未来的一个重要参数。所有力争为非洲的未来制定政策的人都必须考虑到这一点。

20世纪40年代末，迪奥普非常关注南美洲局势。在其强大的北方邻国——美国——的政治、经济和军事干涉下，南美国家的政治和经济独立已经节节缩减。[①] 在迪奥普看来，南美人民没有能力抵制这种干涉，是因为他们被分为很多个小国，这种结构性障碍使这些民族没有能力抵抗美国的干涉，没有能力把自己的历史命运掌握在自己手中。

迪奥普因而确信，去殖民化进程的地缘政治背景意味着未来独立非洲国家面临着南美化的风险。南美化风险是指将非洲人民的政治框架置于众多没有有机联系的独裁小国之上，易出现政治不稳定和外国干涉；这些小国被政治精英统治，而这些精英没有国家整体利益的概念，他们将公共财政私有化，并与那些盘剥并输出国家财富的经济运营者们勾连在一起。迪奥普意识到这种风险，所以他担心的不是巴尔干化，而是后殖民时代非洲政治空间的南美化。

在迪奥普看来，要应对非洲政治空间的南美化，只有一个解决方案：非洲人民在政治上联合起来，建立一个庞大的民主联邦。他认为，只有非洲联邦才能为非洲人民提供一个有效的堡垒，抵御与之竞争的国家集团的军事、文化和经济干预。一方面，美国和苏联在第二次世界大战结束后相互对抗，以推行各自的社会模式。[②] 另一方面，殖民国家在后殖民时代试图通过军事占领以外的手段来延

---

① 关于美国干涉可参阅 Jean Ziegler, *Contre l'ordre du monde*, *Les Rebelles*, Edition du Seuil, 1983。

② Charles Zorgbibe, La paix manquée, in relations internationales, *Regard ENSPTT*, N°2, 1985; *Les politiques étrangères des grandes puissances*, PUF, Paris, 1984.

续和确保其利益。迪奥普认为，只有联邦国家才能使非洲人民有能力确保其政治、经济、文化、技术和科学的发展前景。

联邦国家形式能为未来非洲独立提供地缘政治保障，这一点比其他任何因素都更能解释为什么迪奥普在智识和政治上坚定不移地秉持泛非主义学说。[①] 此外应该指出的是，迪奥普的泛非主义不仅提出了一个尊重各民族特性的多国联邦架构，还提出了一个尊重公共自由、实行分权制度的民主架构。我们稍后再讨论这个问题。

因此，迪奥普认为，为使非洲政治空间不落入南美化的陷阱，非洲人民有必要放弃以众多独立国家的形式来组织其政治空间，接受大陆联邦作为其政治组织形式。迪奥普认为，无论过去还是现在，这个选择都是当代世界进程和国际关系格局导致的必然结果。

1960年，迪奥普在《基础》一书中非常清楚地表达了这种担忧。[②] 他在该书中所表达的一个预见性的观点，不幸地成为后殖民时期非洲独立国家的现实。他写道："在殖民地，特别是在黑非洲，民族解放运动的历史意义已经没有争议。现在人们接受了这样的观点：这场强大的去殖民化运动与19世纪的欧洲民族运动一样重要，一样具有历史意义。因此，除了少数殖民地不得已发生了暴力事件，人们越来越少地使用暴力手段阻碍民族解放运动的发展。新的策略是引导殖民地走向所谓西方类型的非社会主义的社会结构。如果这一目标得以实现，前宗主国和美国就会感到放心。黑非洲不会被巴尔干化，巴尔干地区的政治体制是相对稳定的，而是会被南美化。非洲一个个相互缺乏有机联系的独裁小国各自为政，政权朝生夕灭，长期脆弱不堪，臃肿的警察部队助推恐怖的统治。在外国的

---

① 关于泛非主义可参阅 George Padamore, *Panafricanisme ou Communisme*? Présence Africaine, Paris, 1955; Samba Buri Mboub, *Le panafricanisme révolutionnaire*（未出版）; Amzat Boukari-Yabara, *Une histoire du panafricanisme*, La Découverte, Paris, 2014。

② Cheikh Anta Diop, *Les fondements culturels, techniques et industriels d'un futur État fédéral d'Afrique noire*, Présence Africaine, Paris, 1960.

经济统治下，一个小小的大使馆就能拉线操控，正如在危地马拉，我们曾目睹了这种典型的情况：仅仅一个外国公司——美国联合果品公司（United Fruit）与美国大使馆的勾连，就推翻了当地政府，用另一个亲美政府取而代之。这证明了这种所谓国家独立性的虚妄。为了避免黑非洲遭受这样的命运，我们所有人，特别是政治领导人，在构想联邦的时候必须关注其存续问题（要采取能够尽快实现且有效的政治和经济组织方式），而不是蛊惑人心，重复叙述，有口无心。必须停止用小修小补的做法来欺骗大众，与没有历史前途的虚假团体（法兰西共同体、英联邦、欧非联合体）决裂。必须完全地把黑非洲推到通向联邦前景的上坡路上。”①

迪奥普在20世纪50年代写下了这些话。正如我们所看到的，1960年以来在非洲发生的事情验证了其前瞻性。迪奥普的担心就这样不幸地成为现实。1986年，著名记者希拉迪乌·迪亚罗（Siradiou Diallo）印证道：“可以肯定的是，这位塞内加尔学者的担忧——注定实行独裁、政治经济无能的微型国家林立导致非洲被削弱——不再仅仅是一个焦虑的知识分子的噩梦，而是现实。今天的非洲看起来像一个拄着国外制造的拐杖的无腿人，遭受着饥饿、疾病、无知和人口膨胀带来的折磨。而国际社会显然并非完全不了解这些不幸，却以惊恐、嘲笑或居高临下的态度关注这些不幸。”②

1986年，在喀麦隆电视台（CTV）的演播室，迪奥普以更有力的论据再次谈及非洲国家应该采取联邦形式这一问题。他在回答记者提问时说：“在政治上，我是一个泛非主义者，我相信我们这些地理和人口上非常弱小的国家没有能力应对宇宙时代的基本要

---

① Cheikh Anta Diop. *Les fondements économiques et culturels d'un État fédéral d'Afrique Noire*, Présence Africaine, Paris, 1960, pp. 30 – 31.

② Siradiou Diallo, in *Jeune Afrique*, n° 1316 du 26 mars 1986.

求。60年后，喀麦隆国家的所有不可再生资源，包括石油，都将被完全耗尽，喀麦隆将是一个空壳。如果喀麦隆维持现状，那它将用什么手段潜入深海寻找各种金属矿，以便为自己提供基本的生活物资？我对喀麦隆的评价，同样适用于塞内加尔、马里和所有其他非洲国家。"[①] 由于非洲政治行为体未能推动非洲大陆走向联邦之路，撒哈拉以南非洲经历了并将继续经历其政治空间的南美化。因此，迪奥普的政治观点和建议在今天仍有意义。必须防止后殖民时期非洲政治空间的南美化。加之非洲大陆上原材料趋于枯竭，非洲联邦的规划将成为非洲人民未来生存的条件。这是迪奥普在1986年传达的信息。

鉴于当代世界的进程和当下的国际关系格局，建立一个非洲联邦国家已经成为非洲人民获得真正主权的地缘政治条件。然而，在此必须强调的是，迪奥普关于联邦国家的论述避免了许多泛非主义拥护者所犯的错误。事实上，迪奥普提出的非洲联邦国家并不是解决后殖民时期非洲问题的奇迹性的充分条件，而只是作为非洲人民获得真正主权的地缘政治条件，换言之，是若干条件中的一个。泛非主义者们必须意识到这一点，因为他们常常倾向于将联邦国家视为解决非洲问题的充分条件。因此，他们没有触及如何选择政治制度、政治体制、教育制度、经济制度、宗教组织的问题。这是泛非主义思潮的一个严重缺陷，而迪奥普的论述很好地弥补了这一缺陷。对他来说，构建非洲联邦国家不是奇迹般的解决方案，而只是整体解决方案的一部分；没有整体方案，联邦国家将岌岌可危。

---

① Dika Akwa Nya Bonambela (sous la direction de), *Hommage du Cameroun au professeur Cheikh Anta Diop*, Editions Presses Universitaires d'Afrique, Silex/Nouvelles du sud, 2006, p. 168.

三　非洲主权的社会学条件：赋予未来的非洲联邦国家以社会学基础

如果非洲的政治行为体成功地建立一个联邦制的、多民族的、民主的非洲国家，但却缺乏社会学的基础，这个国家将长期受到政治不稳定的困扰。

这个社会学基础就是民族意识。这是确保构成国家的所有族群和个体和谐团结的唯一因素。如果缺乏和谐团结，一个国家，尤其是一个联邦国家，必将在离心因素的压力下崩溃，除非其各民族是受制于强权而结合在一起，苏联和欧洲历史上的一些帝国就是如此。因此，只有社会学基础才能保证长治久安，否则离心力因素总是会威胁到一个国家的持久存续。

迪奥普在20世纪50年代已完全认识到这一点。他意识到其中的风险，致力于赋予自己的政治思想以独特性，以期避免出现一个政治上不稳定的非洲联邦国家。迪奥普提出的问题不是如何建立一个联邦国家，而是什么因素可以为这个未来的联邦国家提供社会学基础，来保证其组成民族之间的政治凝聚力和团结。这应该是一个能够对抗包括中央集权国家和联邦国家在内的所有国家离心力逻辑的社会学基础。

早在1952年，迪奥普就提出了一个具体的解决方案，以赋予未来的非洲联邦国家以社会学基础。这一解决方案就是：在非洲人民中建立一种非洲民族意识，即归属于同一个大陆国家的认同感。这种民族意识可以使非洲人民之间形成一种政治凝聚力和团结，以避免离心逻辑在外部势力操控下愈演愈烈，动摇未来的非洲联邦国家。

然而，民族意识的前提是民族的存在。在政治独立的前夕，

“非洲民族”尚不存在。问题在于如何将不同的非洲人群体提升到一个共同民族的认知水平。有一件事是肯定的：民族不是从石头缝里蹦出来的。它们诞生于一种集体想象，这种想象将不同的民族聚集在一起，要么基于一个共同的政治计划（如北美民族），要么基于一种使人们产生归属于同一起源、利益和命运共同体的文化认知的历史记忆（如法兰西民族）。正是这两个因素造就了不同民族共同生活的意愿。因此，要创造非洲民族意识，要么以共同的政治计划为基础，要么以共同的政治身份或共同历史记忆为依托。

因此，问题就在于要知道这两种路径中的哪一种能够创造出覆盖整个非洲大陆、具有民族意识特征的集体想象。从 1952 年起，迪奥普考虑的不是共同政治计划的方案，而是建构共同历史记忆的方案，即建构属于同一起源、命运和利益共同体的文化认知。

人们可能会问，为什么迪奥普选择共同的历史记忆而不是共同的政治计划来作为民族意识的生成因素？我们发现，迪奥普的作品并未就此提供答案。但可以假设，这种选择有两个原因。首先，早在 1948 年，迪奥普就注意到非洲语言之间存在文化亲缘关系。① 这一观察使他产生了非洲民族共同起源的想法。其次，迪奥普意识到，历史记忆比共同政治计划能更有效地建立民族意识。但无论如何，迪奥普告诉人们，历史记忆能够有效凝聚和团结不同民族。1957 年，他写道：“历史在一个民族的存在中发挥着至关重要的作用：历史是确保一个群体不同组成部分间凝聚力的因素之一，是一种社会黏合剂。没有历史意识，人民就不能被召唤到伟大的命运中去。”② 显然，迪奥普充分意识到，共同的历史记忆是创造出不同民

---

① Cheikh Anta Diop, Etudes de linguistique ouolove. Origine de la langue et de la race valaf, *Présence africaine*, n°4 et 5, Paris, 1948.

② Cheikh Anta Diop, Un continent à la recherche de son histoire, *Horizons*, *la revue de la paix*, n°74 – 75, Paris, juillet-aout 1957, pp. 85 – 91.

族之间凝聚团结的最有力因素。

1981 年，迪奥普发展了他的思想，表明共同的历史记忆不仅可以促进政治凝聚力，而且能够构成抵御外国文化侵略的堡垒。迪奥普写道:“历史因素是一种文化黏合剂，它通过整个群体所经历的历史连续感，将一个民族的不同组成部分联合成为一个整体。正是由此产生的历史意识，使人们在构成元素各异的人口中分辨彼此。所有大城市的市场里都有来自五大洲的游客，他们之间并没有任何文化联系。历史意识创造出凝聚力，构成一个民族文化安全最可靠和最强大的堡垒。这就是为什么每个民族都寻求了解自己的真实历史并亲历其中，然后代代传承历史记忆。对一个民族来说，最重要的是尽可能地找到将其与祖先的历史联系起来的线索。面对各种文化侵略，面对来自外部世界的所有瓦解因素，一个民族能够用来武装自己的最有效的文化武器就是这种历史连续感。”①

这无疑是为什么早在 1957 年，迪奥普就提出要通过共同历史记忆形式的社会学基础来保证未来的非洲联邦国家的政治稳定，从而在非洲人民中形成一种对起源、利益和命运共同体的归属感。1957 年，迪奥普写道：“如果通过摆脱殖民主义和帝国主义，黑非洲各国要组成一个从利比亚到好望角，从大西洋到印度洋的多民族民主国家，那么从现在开始，就必须在这些人民的意识中引入历史共同体的感知。”②

因此，对于迪奥普来说，关于起源的历史记忆的意义在于，它能够使非洲联邦的人民建立起一种民族意识，而这种意识能够促进凝聚力和政治团结，这对于未来的非洲联邦国家的政治稳定是必不可少的。从这个角度看，它构成了一种社会学保障。因此，迪奥普

---

① Cheikh Anta Diop, *Civilisation ou Barbarie*, Présence Africaine, Paris, 1981, p. 272.

② Cheikh Anta Diop, Un continent à la recherche de son histoire, *Horizons*, *la revue de la paix*, n°74 – 75, Paris, juillet-aout 1957, pp. 85 – 91.

似乎并不满足于确定未来非洲独立可行性的地缘政治条件，也就是说，建立一个非洲联邦国家并不足矣。他还对这种国家的生存能力的社会学条件提出追问。他意识到，如果不建立在能够保证其内部凝聚力的社会学基础上，那么面对着当时笼罩非洲社会的离心因素，如语言、宗教和领土认同等，非洲联邦国家将无以为续。对迪奥普来说，只有形成非洲民族意识才能保证未来非洲联邦国家的内部凝聚力，才能挫败外国势力操纵这些离心因素的强烈企图。迪奥普倡导的这一解决方案在今天仍然具有现实意义。例如，这是抵制操纵种族想象的唯一途径，这种种族想象导致了种族或仇外冲突，破坏了不同地区的后殖民非洲国家的稳定。

因此，迪奥普告诉我们，要提高非洲人民对其原生族群、利益和命运的认识。只有通过这种认识，他们才能在大陆范围内形成民族意识。只有这样的意识才能给未来的非洲联邦国家提供政治稳定所需的社会学基础，也就是其组成民族之间的凝聚力和团结力。这是泛非主义运动需要思考的重要一课。迪奥普告诉我们，光是宣传泛非主义思想是不够的，仅仅展示泛非主义的逻辑性也是不够的，有必要了解如何在非洲人口中传播构成历史记忆的信息，以提高他们对自己原生族群起源、利益和命运共同体的认知，建构起非洲民族意识。

四　非洲主权的认识论条件：在科学基础上揭示非洲起源共同体记忆

然而，迪奥普选择将共同历史记忆作为在非洲大陆产生民族意识的依托，也有一个先决条件，即关于起源共同体的论述必须与非洲人民的实际经验和感受相吻合。换句话说，迪奥普的解决方案必须依托一个符合现实的真实基础。这意味着非洲起源共同体的想法需要建立在科学的基础上。在20世纪40年代和50年代，这一点尚未做到。因此，有必要检验其存在并加以论证。为了防止这种论证受到党派操纵，有必要以科学的方式来开展工作，而不是以意识形态或神话的方式。只有在这个条件下，关于非洲起源共同体的论述才不会与人民的真实经历和感受相矛盾。

正是这种考量将迪奥普引入了历史研究领域。他必须证明这个起源共同体并非虚构，而是基于整个撒哈拉以南非洲的语言、文化习俗和文化现象的可感知现实。这项研究是一个巨大挑战，因为共同历史记忆的存在与否将取决于这项研究，而这项研究可以创造出一种非洲民族意识。迪奥普理解到这一点，并开始围绕非洲民族的起源开展科学研究。

在20世纪50年代的背景下，这种研究构成了一种认识论上的挑战。人们还记得，50年代，主流历史学认定非洲人民是无法确定起源的民族，因为其历史沉浸在黑暗之中，而最初的曙光可追溯到公元3世纪，当时非洲人散落在大陆各处。因此，当时的主导思想是：非洲大陆起源不详。[①]

非洲人的起源在20世纪50年代仍然是一个无解的问题。为了给这个问题提供科学解答，迪奥普采用了一个思路，他在20世纪40年代末对几种非洲语言之间的亲缘关系进行了考察。[②] 对迪奥普来说，这种亲缘关系可能是共同起源的一种表现。如果事实证明如此，那么就有可能在非洲人民中建立起对起源、利益和命运共同体的认知，这种认知的基础将是非常科学的，且符合非洲人民自己的经验和感受。换句话说，属于同一民族的意识不是意识形态建构的结果，而是科学建构的结果。从20世纪50年代起，迪奥普通过从

---

① Raymond Mauny, *Les siècles obscures de l'Afrique noire*, Fayard, Paris, 1970.

② Cheikh Anta Diop, Etudes de linguistique ouolove. Origine de la langue et de la race valaf, *Présence africaine*, n°4 et 5, Paris, 1948.

空间和时间的角度对非洲人民的语言亲缘关系的起源进行研究，来探索这一路径。

但这显然是个高难度课题。当时的中小学和大学教科书都将当代非洲人民描述为在时间和空间上保持静止和分离的民族，那么如何才能找到这种语言亲缘关系的时空证据？换句话说，当非洲历史在教科书中以历史年表的形式呈现时，无一不展现出不同群体的宗教身份[①]、语言身份[②]和地理身份[③]的差异和对立，那又如何能证明起源共同体的存在？这个任务无疑是艰巨的。

1954 年，迪奥普就这项任务的难度进行了如下阐述："欧洲人可以将自己的历史追溯到希腊—拉丁时代和欧亚大草原，而试图通过西方作品追溯其历史的非洲人则止步于加纳王国的建立（公元前 3 世纪或公元 3 世纪）。除此之外，这些作品告诉人们，非洲处于凝重的黑夜。自史前时代以来，非洲人的祖先在大陆上做了什么？他们怎会等待如此之久才带着完善的社会组织从阴影中现身？他们一直生活在非洲还是从其他地方迁来？虽然西非人可以回溯两千年的历史，但其他地区的人们就没那么幸运了：在刚果和赞比西河流域以及大湖区，西方的教科书几乎不允许人回溯超过数个世纪的时长，而且缺乏历史连续性。只要问题没有得到妥善处理，非洲历史上的这些空白仍是无法解释的；我们也曾试图在非洲大陆内部找到历代文明的地层。因此，非洲历史面临的普遍问题是要通过富有成效的研究，成功地将过去的各个组成部分与一部古代史、一个具有连续性的共同起源联系起来，不是以假设的方式，而是以一种有效的方式联系起来。"[④] 1957 年，迪奥普这样总结这项任务所面临

① 非洲中心说学者们眼中的非洲宗教。

② 非洲中心说学者们眼中的非洲方言。

③ 森林、草原、山区和沙漠地区的部落。

④ Cheikh Anta Diop, *Nations nègres et cultures*, Tome 1, Présence Africaine, Paris, 1979, pp. 27 – 28.

的困难:“非洲研究者必须解决的历史问题是显而易见的:如何以科学的方式将各个不同的部分与一个共同的过去联系起来?”①

为了克服这项任务中存在的困难,迪奥普的办法是研究一个后来将被证明具有考据作用的假说,即证明古希腊学者关于法老埃及是黑人种族的假设为客观事实。迪奥普写道:“那时候,我想到要认真研究前人,包括作家和哲学家们关于埃及和埃塞俄比亚的麦罗埃文明起源和特征的一致观点。”② 事实上,所有这些学者,不管是希腊人还是罗马人,都为古埃及在文化上和种族上的黑色非洲特征提供了证言。迪奥普随后探讨了古埃及作为非洲人民语言亲缘关系起源空间的假设。他从考古学、图像学和语言学等历史证据来源探讨这一假设。作为辅助,他还探究了文化意象的作用,如国家的概念、宗教等。简言之,他采用了交叉溯源的方法。

就这样,迪奥普从20世纪40年代末开始启动了一项庞大的个人研究计划,并大步前进。早在1957年,他就已经确信,非洲共同起源的想法并不是幻想。他在1957年时写道:“在摆脱殖民主义和帝国主义的同时,如果黑非洲各国要形成一个从利比亚到好望角、从大西洋到印度洋的多民族民主国家,那么从现在开始,必须在这些人民的意识中引入他们归属于一个历史共同体的认知。这个历史共同体是真实存在的。”③

20世纪50年代初,迪奥普有一个重大发现:法老时代的埃及

① Cheik Anta Diop, Alerte sous les Tropiques, *Présence Africaine*, N°5, Décembre 1955 – Janvier 1956; Cheikh Anta Diop, Un continent à la recherche de son Histoire, *Horizons*, *La revue de la paix*, N°74 – 75, Paris, juillet-août 1957, pp. 85 – 91.

② Cheikh Anta Diop, Un continent à la recherche de son Histoire, *Horizons*, *La revue de la paix*, N°74 – 75, Paris, juillet-août 1957, pp. 85 – 91.

③ Cheikh Anta Diop, Un continent à la recherche de son Histoire, *Horizons*, *La revue de la paix*, N°74 – 75, Paris, juillet-août 1957, pp. 85 – 91.

人民和今天的撒哈拉以南非洲人民之间存在着语言上的亲缘关系。除了这种语言上的、因而也是文化上的亲缘关系外，迪奥普的工作还证明了法老时代的埃及和撒哈拉以南非洲之间表型意义上的种族亲缘关系。他因此遭到了学术界的敌视，这并非因为他宣称古埃及人是黑人，在他之前有其他人也曾这样说过，但没有引起学术界的敌视。迪奥普之所以引起学术界的愤怒，是因为他提出了古埃及文明缔造者的问题。如果说古埃及文明缔造者是非洲人民的祖先，具有科学、艺术和文学之源地位的古埃及文明是当代撒哈拉以南非洲人民祖先的杰作，那么以此推断，古埃及文明是古希腊文明的源头，欧洲文明的崛起就要归功于那些被学术界认为几乎停留在史前时代的撒哈拉以南非洲人的祖先。

简言之，如果说法老时代的埃及文明是由今天撒哈拉以南非洲人民的祖先创造的，就等于说欧洲通过希腊而进入文明，要归功于被殖民的非洲人民的祖先，是非洲人的祖先通过希腊成为欧洲文明的引路人。这确实会引起轩然大波，因为这意味着科学、艺术和技术都来自撒哈拉以南的文化母体。对于当时的欧洲学者来说，说古埃及人是黑人尚可进行争论，毕竟他们中的一些人认为古埃及人属于混血种族，另一些人则认为古埃及存在深色皮肤的白人。但是，说古埃及文明的缔造者是当代撒哈拉以南民族的祖先，这是欧洲学术界无法承认甚至无法想象的观点，是奴隶贸易和殖民化所带来的教育偏见所无法认同的。

迪奥普写道："当我们在研究过程中确定古埃及是黑人世界的一部分时，我们的自豪感有多强，碰到的困难就有多大。我不会为了讨好别人，去编造非洲人民的其他起源，歪曲历史真相，以便给人以更严肃、更科学的印象，让许多专家更容易接受。对于这些专家来说，当他们把黑人的起源追溯到数千年前时，已经认为自己做出了很大让步。因此，这是一次真正的聋子间的对话。”①

事实上，在其研究框架内，迪奥普一方面视法老时代的埃及为撒哈拉以南非洲人民之间形成语言和文化亲缘关系的时空，另一方面视其为诸多当代非洲人共同的散居空间。因此，迪奥普的大部分科学研究专注于这一启发性的工作，并取得了人们今天所知的成果。通过这项工作，他不仅为更好地了解非洲历史，而且为更好地了解世界历史做出了贡献。② 通过他的工作，他重建了非洲的历史意识，赋予非洲历史意识以科学基础。从本质上讲，他的工作提供了必要的文献支撑，使得未来非洲联邦的人民拥有了以科学为基础的民族意识。因此，泛非主义的支持者有责任使用好这些素材，并在非洲人民中进行传播，以便让他们产生对一个起源、利益和命运共同体的归属感。

莫里斯·卡文（Maurice Caveing）对此进行了清晰的诠释，他很早就理解了迪奥普工作的真正目的。他说，迪奥普的论述“是为巩固他所称的非洲黑人历史意识提供科学基础。由于殖民主义最恶毒和最持久的影响就是要摧毁殖民地人民对自身文化个性的意识，我们有理由认为，重构历史意识是黑非洲独特文化发展不可或缺的前提，也是非洲联邦真正实现经济和政治独立的条件”③。

因此，迪奥普的科学研究活动侧重于了解非洲人民的历史轨迹。作为非洲人民文化亲缘关系的起源地，尼罗河谷的作用得到了有说服力的历史证据的支撑。为法老时代的埃及由黑人缔造的理论提供支持的科学基础，使迪奥普有别于在他之前也

---

① Cheikh Anta Diop, *Nations nègres et cultures*, Tome 1, Présence Africaine, Paris, 1979, p. 25.

② 可参阅 Théophile Obenga, *Cheikh Anta Diop*, *Volney et le Sphinx*: *Contribution de Cheikh Anta Diop à l'historiographie mondiale*, Présence Africaine, Paris, 2000。

③ Maurice Caveing, Cheikh Anta Diop, *Antériorité des civilisations nègres*: *mythe ou Vérité historique* [compte-rendu], *Raison Présente*, N° 9, janvier février mars 1969, p. 111.

支持古埃及人属于黑人人种理论的学者。在迪奥普之前，这一观点只是众多观点中的一个。随着迪奥普的出现，这一观点成为一个科学事实。

因此，迪奥普的工作所提供的科学论据使非洲人民能够意识到他们是一个起源共同体。他的论据由能够证明非洲人民文化同一性的各种事实组成，令人信服。[①] 迪奥普认为，为了提高非洲人民对起源共同体的认识（这将成为非洲联邦国家的社会学基础），有必要恢复他们的历史意识。从这个角度来看，创建非洲联邦国家计划的真正动力并不在于泛非主义逻辑的传播，而在于能够证明非洲人民文化统一性的证据的传播。必须让非洲人民了解其语言、艺术、烹饪、宇宙观、宗教、法律、政治和哲学方面的亲缘关系，可以通过媒体（电视、电影）、书籍（小说、散文和漫画）和教育机构（小学、中学和高等教育）等手段来实现这一目的。

事实上，只有了解这些文化亲缘关系的事实，才能加速实现非洲人对起源、利益和命运共同体的归属感。通过这个路径可以使非洲联邦免受军事强人和独裁者的暴力。因此，泛非主义者们必须将这一真理变为自己的真理。只有在非洲人民中传播证明其文化亲缘关系的事实，才能令其达到非洲民族意识的高度。这种意识将使这些人民成为黑非洲联邦的主体。正是通过这种方式，而不是通过泛非主义的长篇大论，我们才能让非洲人民接受泛非主义的政治计划。

不言而喻，广泛传播证明当代非洲人民文化同一性的事实证据，将成为实现泛非主义构想的强大杠杆，并引导非洲人民成为非洲联邦计划的主体。只有这个杠杆才能使非洲人民成为非洲联邦政治计划真正的主导者。

---

① 包括语言、艺术、宗教、烹饪、法律、政治、艺术、哲学等方面的事实。

五　非洲主权的心理条件：解放后殖民时代非洲政治和知识精英的历史主动性

对历史事实的观察表明，在任何社会中，政治和知识精英都有一个历史使命：他们肩负其所处社会的历史命运，要为这个社会创造物质及非物质生存条件。精英阶层通过运用其历史主动性，即创造、发明和创新的能力，去创造这些条件。

然而，由于历史境遇原因，精英阶层发挥历史主动性的能力受到了损害。如果中小学和大学的知识框架向他们灌输的是服从霸权主义外国势力的价值观、认识论、标准和组织规范的有害理念，那就会损害其历史主动性。这种知识框架产生了损害效果，导致精英们发自内心地认为霸权主义外国势力代表的某一种（可能是唯一一种）历史参考模式是合理合法的。由此，精英阶层会认为，从霸权主义外国势力的价值观、规范、优先事项和利益的角度来治理其所领导的社会是相当合理的。这就是精英阶层的世界观的他律。这种他律指的是精英阶层接受来自外部的价值观、规范、利益和优先事项对其政治和智识行动的支配。精英阶层不愿意，甚至从内心里反对根据本土价值观、规范、利益和优先事项来掌握其领导的社会的命运。

从这个角度看，世界观遭受他律的精英存在重大缺陷，他们将自己所治理社会的主权和独立抵押了出去。这种缺陷体现为没有能力为其所领导的社会创造物质及非物质的生存条件。由此，他们只能把外国势力的认知作为历史参考模式，据此来治理社会。这就是为什么在历史上，带有这种缺陷的精英们在面对历史挑战时总是采取历史性的观望姿态。也就是说，面对着所治理社会的存在问题，他们总是期待来自国外的解决方案。

在去殖民化的前夕，迪奥普深深认识到，这就是非洲城市精英们所传递的风险。以欧洲为中心的知识体系支配着这些精英的想象力，导致非洲社会在非洲去殖民化后有可能被异己的、持观望态度的政治和知识精英所治理。换句话说，非洲社会可能在去殖民化之后被一个被剥夺了一切历史主动权的政治和知识精英阶层所统治。

为了避免这种情况发生，迪奥普在20世纪50年代就提醒非洲政治行为主体们，殖民主义的非洲史版本对非洲精英的文化个性产生着心理影响。他说，由于这种影响的损害作用，非洲文化个性的重振应成为黑非洲一切进步行动的起点。他于1954年出版的《黑人民族与文化》一书的序言就此进行了阐述。在这篇序言中，迪奥普将受文化异化病毒影响的非洲人分为三类：第一类是世界主义、科学主义、主张现代化的知识分子，第二类是肤浅理解马克思主义的知识分子，第三类是形式主义的反民族主义者。1967年，迪奥普在《黑人文明的先存性：神话还是历史事实》（*Antériorité des civilisations nègres*, *Mythe ou vérité historique*）一书中写道："与其他前殖民地的人民相比，黑人的文化个性最是衣衫褴褛，其他殖民地通常受益于一个文化框架和一个受损较少的上层建筑，而黑非洲则需要重新创建这一切。建立适应环境的共同民族意识和革新民族文化是黑非洲一切进步行动的出发点。"① 迪奥普的断言是毫不含糊的。非洲城市精英的文化个性必须得到净化，否则黑非洲的所有进步行动都会受损。

迪奥普将后殖民时代非洲精英的文化治疗作为黑非洲历史进步的首要条件，我们该如何看待这一条件？后殖民时代非洲城市精英的发展历程证明迪奥普的诊断和判断是正确的。欧洲中心主义的知

① Cheikh Anta Diop, in *Antériorité des Civilisations nègres*, *Mythe ou vérité historique*? Présence Africaine, Paris, 1967.

识体系对后殖民时代非洲精英的影响，确实导致了这些精英的意识异化以及历史观望态度。因此，不难理解为什么这些后殖民时代精英走的是一条新殖民主义道路，而他们本应走一条后独立时代的道路。

向非洲青年介绍这种他律的发生机制是很重要的。如此，青年们方能透彻地理解过去和现在非洲精英的历史主动性能力如何受到束缚。他们将能够更好地理解和评价迪奥普为后殖民时期非洲政治和知识精英历史主动性的解放而提出的解决方案的适用性。我们将在此简明扼要地介绍这一论证过程。对这一过程的详尽分析感兴趣的读者，可参考《非洲现代性之路》的第二部分。

（一）非洲精英历史主动性能力长期遭受束缚

观察表明，去殖民化前夕，新兴的非洲政治和知识精英仍处于欧洲中心主义知识体系的支配下。事实上，殖民时期的教育体系已经培养出一个他律的非洲精英阶层。在殖民时期的学校里，这些精英遭受了殖民主义非洲历史叙事的象征性暴力。这种非洲历史叙事通过其象征内涵，在接受教育的精英中制造了关于认识论、公理、规范和组织形式的附属条件反射。因此，它制造了一种价值观、规范、利益和优先事项的他律，支配着未来非洲精英的政治和知识行动。换句话说，非洲精英不是根据自己的经验，而是根据前殖民者的经验来设计后殖民时代非洲社会的历史进步模式。

从这个角度来看，殖民主义非洲历史叙事束缚了未来非洲精英的历史主动性能力，即为其所领导的社会创造物质及非物质生存条件的能力。因此，它导致未来的非洲精英没有能力从规范、价值、利益和优先事项的自主性角度，承担起非洲人民的现代愿景。因此，独立前夕的非洲社会面临着相当大的政治风险，那就是被一个他律的精英阶层所统治，没有能力掌握自己的历史命运，没有能力创造非洲人民所需的物质和非物质生存条件。换句话说，独立前夕的非洲社会需要一种心理疗法，去克服其未来精英的政治和文化意识的他律。他们需要一种能够解放其政治和知识精英的历史主动性能力的心理疗法。这就是迪奥普在非洲宣布独立之前所认识到的。他尤其意识到由他律的精英统治非洲所意味的风险。这个精英没有能力自行创造非洲自身存在的物质和非物质条件，因此没有能力掌握人民的历史命运。

早在1952年，他就表达了对这一问题的关注，并就非洲历史遭受的歪曲对非洲人产生的心理效应发表了看法。迪奥普认为，殖民主义的非洲史版本对非洲城市精英的影响构成了非洲走向真正独立道路的心理障碍。[①] 1952年，迪奥普就此进行分析时写道："由于不了解那些被精心隐瞒的历史事实，或是被灌输了歪曲的事实，非洲人已经开始支持殖民教育为确保奴役他们而试图向他们灌输的观点，即：非洲没有可以与欧洲相比的历史或文化，因此非洲人只能服从，无法扮演组织者角色或承担责任。结果就是非洲人对自己和自己的潜能缺乏信心。"[②]

基于对殖民主义非洲史版本病理影响的认知，迪奥普努力提醒非洲政治行为体们，要警惕殖民主义非洲史版本的实用目的和贬低目的。1954年，他写道："如果相信西方话语，人们对文明的追寻即使直至热带雨林中心，都会徒劳无功，然而这种文明归根结底却是黑人创造出来的。根据西方学者的说法，包括已被前人证明属于黑人文明的埃塞俄比亚和埃及文明在内，伊费和贝宁文明、乍得盆地文明、加纳文明、所有的新苏丹文明（马里、加奥文明等）、赞

---

① Cheikh Anta Diop, «Vers une idéologie politique africaine», in *La Voix de l'Afrique noire*, *Bulletin mensuel de l'association des étudiants RDA*, Paris, février 1952. *Alerte sous les tropiques*, Édition Présence Africaine, 1990, p. 47.

② Cheikh Anta Diop, «Vers une idéologie politique africaine», in *La Voix de l'Afrique noire*, *Bulletin mensuel de l'association des étudiants RDA*, Paris, février 1952.

比西河文明（如莫诺莫塔帕文明）、赤道地区的刚果文明等，全都是由神话般的白人创造的；然后他们就像梦境一样消失，留下黑人继承延续白人发明的形式、组织结构和技术等。对非洲文明起源的解释，只有通过某种方式证明神话般的白人的确存在，才是符合逻辑和可以接受的，才是严肃、客观和科学的。而所谓白人到来并定居在非洲各地，则根本无须加以证明。不难理解，学者们是如何通过其推理、逻辑和辩证最终导向了欧洲专家圈里传播很广的黑皮肤白人的概念。此类论证体系显然是没有希望的，因为它们缺乏真正的基础；它们只能由啃噬其作者的狂热来解释，这种狂热隐藏在客观和宁静的表象之下。然而，所有这些关于非洲史的科学理论一贯都是功利而实用的。本质问题就是这些理论为什么服务？这里，它们服务于殖民主义，目的是用科学的外衣伪装自己，让黑人相信：黑人从未创造出任何有价值的东西，甚至非洲存在的各种事物都与之无关。这使犹豫的人们放弃一切的民族理想，使那些已经被奴役的人们更加顺从。这就是为什么有许多理论家为殖民主义服务，一个赛一个地精心运作，他们的思想观念一边发展，一边传播开来并被灌输给人民。”①

迪奥普所说的缺乏自信，在未来的政治和知识精英中体现为知识和公理上的条件反射性的附属意识。这些条件反射本身就反映了非洲精英阶层对自己在非洲文化基础上掌握历史主动性能力的怀疑。此种心理状态削弱了后殖民主义精英在价值观、规范、利益和优先事项自主视角下领导非洲社会发展的能力。这就是为什么时至今日，非洲精英们仍无法在参考标准、利益关注和优先事项自主的原则下绘制政治蓝图，去掌握非洲人民的命运。

① Cheikh Anta Diop, *Nations nègres et Cultures*, Présence Africaine, Paris, 1954, pp. 13 – 14.

(二) 迪奥普针对非洲精英的他律问题提出的解决方案

多位学者研究过非洲城市政治和知识精英的意识他律问题，如迪奥普、弗朗茨·法农（Frantz Fanon）、阿米勒卡尔·卡布拉尔（Amilcar Cabral）、阿卜杜·穆穆尼（Abdou Moumouni）和夸梅·恩克鲁玛（Kwamé Nkrumah）等。他们都认为，这是因为殖民主义非洲史版本影响了去殖民化前形成的非洲精英的文化个性。对所有这些理论家来说，必须从政治角度来衡量这种心理上的影响。而从政治的角度来看，基本上这种心理影响造成的后果是，非洲社会面临这样一种风险，即在去殖民化后被一个缺乏历史主动性能力的精英阶层统治，也就是说，这些人不具备创造其领导的非洲社会生存所需的物质和非物质条件的能力。

这就是为什么临近去殖民化时，迪奥普思考的问题之一是如何预测后殖民时代非洲的前景，这个非洲社会由于精英阶层受外国的思想控制而具有缺陷，没有能力掌握历史主动性。为有效解决这一问题，迪奥普提出要让非洲城市精英重建他们的非洲历史意识。迪奥普认为，只有这样的意识才能使非洲精英们恢复在价值观、规范、利益和优先事项方面的自主性。换句话说，如此才能让非洲精英们恢复信心，相信自己有能力独立创造生存所需的物质和非物质条件，从而有能力掌握非洲人民的历史命运。这就是为什么早在 1952 年，迪奥普就写道："因此，我们似有必要进行一些尝试，通过使非洲人重新发现其历史的连续性、其文化的意识及内容，同时赋予其文化以现代性的手段方式，使其能够重新获得这种自信和内心的充实，它们不是充分条件，但如果缺少它们，人类的努力就很难成功。"①

---

① Cheikh Anta Diop, «Vers une idéologie politique africaine», in *La voix de l'Afrique noire*, *Bulletin ensuel de l'association des étudiants RDA*, Paris, février 1952.

因此，为了避免非洲精英丧失历史主动性的情况出现，迪奥普开始了对非洲历史的研究。这项研究提供恢复非洲精英历史意识所需的原材料。因此，不难理解为什么恢复历史意识的观点在迪奥普的工作中如此重要。这是防止各种形式的文化侵略的唯一方法。现在只有文化革命才能带来重大的质变。革命必须唤醒沉睡在每个非洲人意识当中的巨人，必须连根拔除上层建筑的桎梏。

迪奥普的观点就是必须消除超结构性障碍。在非洲政治独立前，迪奥普认为非洲历史意识的恢复是一种心理治疗手段，可以让未来的非洲政治和知识精英恢复其掌握历史主动性的能力。恢复这个精英阶层的能力，意味着使其能够在充满国家利益冲突的国际社会中掌握规范、价值、利益和优先事项的自主性，从而掌握非洲人民的历史命运。因而，迪奥普认为恢复非洲历史意识将改变非洲的发展前景。他写道："黑人和非洲人历史意识的恢复及其必然产生的效应，将导致前景的真正逆转。"①

所以，恢复历史意识的理念是迪奥普政治思想的核心。迪奥普的早期文章指出，只有这个理念才能使非洲拥有一个能够在国际社会中作为历史主体开展行动的政治和知识阶层，即具有创造自身存在的物质和非物质条件的能力的主体。迪奥普本人也希望人们能够如此解读他的作品。他在最后一部作品中写道："未来有一些非洲人将能够理解我们，他们在阅读了我们的作品后，会感到自己成为了另一个人，在历史意识激励下成为一个真正的创造者，一个承载着新的文明的普罗米修斯，充分意识到全世界在所有的领域都要感谢非洲人祖先的才能。"②

我们要记得，普罗米修斯的形象在政治、哲学和文学中象征

---

① Cheikh Anta Diop, in *Antériorité des Civilisations nègres. Mythe ou vérité historique*?, Présence Africaine, Paris, 1967.

② *Great African Thinkers*, *Cheikh Anta Diop*, Vol. 1, Editor Ivan van Sertima, 1986.

着拒绝生存逆境并努力实现其自主性的人类精神。这种精神倾向于把自己从所有人类承受的桎梏中解放出来，包括：专断的政治权力、外来的知识统治、自然界的逆境、信仰的蒙昧。但最重要的是，普罗米修斯是意志的化身，意味着拒绝被强加自身意识和历史经验之外的价值观、规范和利益。这是一种创造其自身存在的物质和非物质条件的意志，而独立自主的价值观、规范和利益主导着其行动。

（三）非洲中心主义浪潮的必要性

对后殖民时代非洲社会轨迹的观察表明，迪奥普的担心已不幸地成为现实。殖民主义非洲史版本在非洲政治和知识精英身上产生了两个后果。一方面，它向非洲精英灌输了审美、认识论、公理、规范和组织上的从属意识。另一方面，它剥夺了这个精英阶层成为其自身历史及其社会线性历史代理人的历史抱负。更为严重的是，它导致这个精英阶层没有能力将其政治意识提高到国家利益或普遍利益概念的水平。

这导致了后殖民时代的非洲精英无法成为历史代理人，即一个能够自己创造自身存在所需要的物质和非物质条件的主体。正是这种能力的缺乏解释了为什么后殖民时代的非洲精英们无法规划他们所领导的人民的现代未来。他们受制于一个致命的软肋，这个“阿喀琉斯的脚后跟”就是教育他们并剥夺他们历史主动性的欧洲中心主义知识体系。

从这个角度看，可以说，殖民是非洲社会历史上经历的最短暂的外国占领时期，仅有 50 年，但却是非洲社会历史上遭受打击最重、受到创伤最深的占领时期。非洲精英的政治、知识和文化意识因而无法自主。事实上，非洲精英在意识上的无法自主是殖民主义解除非洲社会历史主动性的致命一击。这一打击今天仍然阻碍后殖民时代非洲社会作为现代性空间进行组织。因此，这是一个重大的打击，其影响一直持续到今天。后殖民时代的非洲中小学和大学仍使用由外国大出版社设计和出版的教科书，继续沿用欧洲中心主义的知识体系，导致殖民主义的非洲史版本得以持续。

因此，非洲青年和非裔青年必须意识到，获得主权有一个心理条件，在非洲尤其如此。从这个角度来看，只有让那些能够发挥历史领导能力的政治和知识精英来领导非洲联邦，非洲联邦才能实现繁荣。令人惊讶的是，这种能力是一种心理特质，并非所有政治和知识精英都具备这种特质。这正是后殖民时代非洲政治和知识精英的情况，作为其教育基础的以欧洲为中心的知识体系使他们软弱不堪。因此，显然，除非这些精英从这个知识体系的控制中解放出来，否则他们的历史主动性将被削弱。从这个角度来看，后殖民时代的非洲社会的确需要一股以非洲为中心的新力量与之对峙，去冲击和塑造非洲精英的认知和政治想象。[①] 因此，可以说，莫勒菲·科特·阿桑特（Molefi Kete Assante）和阿玛·玛扎玛（Ama Mazama）在非洲中心性国际协会（Afrocentricity International）的组织框架内为非洲青年和非裔青年所做的工作应得到所有非洲进步运动的鼓励和支持。[②]

毫无疑问，我们需要在非洲塑造一个在价值观、规范、利益和优先事项方面具有自主性的新政治和知识精英群体。只有恢复非洲的历史意识，才能实现这种自主性。为此，我们必须在学生当中，包括小学、初中和高中生，广泛传播迪奥普版本的非洲历史。在这

---

① 可参阅 Ama Mazama, *L'impératif Afrocentrique*, Menaibuc, Paris, 2003。

② Molefi Kete Asante, Ama Mazama, *L'Afrocentricité*, Menaibuc, Paris, 2004; Molefi Kete Asante, *The Afrocentric Idea*, *Philadelphia*, Temple University Press, Philadelphia, 2008; Molefi Kete Asante, *An Afrocentric Manifesto: Toward an African Renaissance*, Polity, Cambridge, 2007; Molefi Kete Asante, *Afrocentricity*, *The Theory of Social Change*, African American Images, Gilbert, Revised Edition, 2003.

方面，贾利萨·塞赫梅特（Jahlyssa Sekhmet）的书[①]堪为典范，这本书是传播非洲及海外非裔真实历史的一个杰出例子。

因此，迪奥普的观点是明确的。只有重新获得历史意识的非洲知识分子和政治精英才能从价值观、规范、优先事项和利益自治的角度，在心理上掌握非洲现代社会的未来。我们的未来取决于这些精英的到来。只有恢复非洲精英的历史意识，才能解放他们的历史主动性，提高他们对国家利益和普遍利益的认识。只有非洲中心主义的浪潮才能推出新的非洲精英。从这个意义上说，非洲中心主义是一条正确的道路，但前提是它要能够避免非洲身份本质化的陷阱。

六　非洲主权的经济条件：以非洲内部市场为依托的内部盈利工业政策

在殖民时代，殖民经济完全依赖于外部市场。非洲的资源（人力、矿产及农业）由大型特许企业开采经营，其唯一目标是向殖民强国大都市的市场出口未经加工的原材料。因此，殖民经济促进了殖民国家大都市的经济繁荣，损害了非洲地区经济并造成了非洲的贫困。

独立前夕，非洲社会面临着殖民主义继续存在于经济领域的风险。因此，在去殖民化之前，迫切需要对非洲经济的新任务进行预见性的规划。迪奥普理解到这一点，并在《热带警报》和《基础》中对非洲经济进行了思考。

迪奥普通过一个启发式的切入点来研究非洲经济，不是解决

① Jahlyssa Sekhmet, *L'Histoire de l'Afrique et des a diaspora. De la préhistoire à nos jours*, Conscious Education, Paris, 2015.

历史性落后，而是如何利用非洲资源优势的切入点。事实上，迪奥普关于非洲经济模式的思考基于非洲肩负着特殊的工业化使命这一指导思想，而该使命则基于以下事实："非洲大陆享有一种特殊的优势，即同时拥有能源和原材料。"迪奥普呼吁非洲人通过两个选项充分发挥这一优势，使非洲的工业使命成为实实在在的现实。这两个选项至今仍有现实意义，迪奥普在《基础》一书①和《热带警报》② 一文中进行了阐述。可以说，迪奥普提出的经济模式以两个选项的形式出现，告诉人们如何将非洲社会建设成为一个物质繁荣的社会。下面，我们将就迪奥普提出的这两个经济选项进行阐述。

（一）第一个经济选项：根据内部盈利原则开发非洲资源

在殖民统治期间，殖民国家根据为大型特许企业和殖民国家大城市带来利润和利益的剥削逻辑，组织非洲资源的开发。这就是迪奥普所说的根据外部盈利原则开发非洲资源。③

外部盈利原则仍然是跨国公司在后殖民背景下开发非洲资源的逻辑。这一逻辑的特点是：排斥任何内部的原材料加工活动，剥夺非洲开展工业活动的权利。它注重原材料出口，且通过偷税漏税的技术手段剥夺了殖民地相当一部分收入来源。迪奥普在《基础》一书中谴责了从外部盈利角度开发非洲资源的逻辑，他告诉我们，必须以一种新的非洲资源开发逻辑取而代之。换言之，必须从内部盈利的角度来看待非洲资源的开发，

---

① Cheikh Anta Diop, *Les fondements économiques et culturels d'un Etat fédéral d'Afrique noire*, Présence africaine, Paris, 1974.

② Cheikh Anta Diop, Alerte sous les tropiques, *Revue Présence Africaine*, n° 5, nouvelle série, Paris, décembre 1955 – janvier 1956, pp. 8 – 33.

③ Cheikh Anta Diop, *Les fondements économiques et culturels d'un Etat fédéral d'Afrique noire*, Présence africaine, Paris, 1974.

以制定国家原材料加工政策的具体措施为目标。问题是，这种政策如何保障内部盈利？

答案如下：这项政策要通过原材料加工活动实现国内盈利，激发良好的经济活力。它将创立企业，创造就业机会；创造就业机会，就创造了工资收入，从而产生税收；产生了税收，就可以在公共服务部门、海运、空运、公路和铁路基础设施方面进行公共投资。这就是根据内部盈利原则开发非洲资源的经济政策。

因此，从根据内部盈利原则开发非洲资源的角度看，非洲经济必须建立在原材料加工工业政策的基础上。只有这样的政策才能确保非洲原材料的开发能够开设工厂、创造就业机会、创造工资收入和产生税收，从而带来国家层面的收益，这些收益将用于公共服务和各种基础设施。自然，这种政策并不排斥与外国跨国公司的伙伴关系。它只是邀请跨国公司与非洲工业家合作，在非洲开展自己的原材料加工业务。当然，这项产业政策必须受到税收立法的约束，税收立法应具有激励性和吸引力，特别是必须消除外国公司可能试图利用的逃税手段。年轻的几内亚学者马穆杜·巴里（Mamoudou Barry）在法国完成的博士学位论文分析了这些逃税技巧。2019 年，他在鲁昂被种族主义者谋杀。这篇论文已经发表①，值得我们关注。

（二）第二个经济选项：合理的工业化计划

第二个经济选项是迪奥普所说的合理的非洲工业化计划。这一概念早在 1960 年就出现在《基础》一书中。② 很少有人理解这一计

① Mamoudou Barry, *Politiques fiscales et douanières en matière d'investissements étrangers en Afrique francophone: le cas du secteur des ressources naturelles extractives*, Editions LGDJ, Paris, 2020.

② Cheikh Anta Diop, *Les fondements économiques et culturels d'un Etat fédéral d'Afrique noire*, Présence africaine, Paris, 1974.

划中所提的“合理性”的内涵。事实上，它的合理性在于发挥非洲的相对优势，即能源和原材料同时集中在非洲大陆这一优势。只有非洲大陆具有这种相对优势。因此，该计划提出在以下三个方面发挥非洲的相对优势：

——能源和原材料的协调开发；

——资源的合理化利用，即区域性工业分工；

——征服内部市场：这个市场有 10 亿多消费者，将为工业生产提供一个相匹配的出口。

1. 通过能源和原材料的协调开发发挥非洲的相对优势

迪奥普工业计划的第一个内容是同步协调开发非洲所拥有的能源和原材料。他提到的非洲能源包括：水能、太阳能、原子能、热核能、风能、海洋热能、潮汐能、火山热能和地热能。他认为，这些能源的开发，加上非洲的原材料供应，将有力地促进非洲的物质繁荣。他写道：“这些是黑非洲的能源资源。非洲人自己利用它们，不是为了创造为欧洲提供辅助的工业，而是为了加工非洲大陆自己的原材料，这将使黑非洲成为人间乐土。”

针对那些声称开发这些能源将导致能源过剩的人，迪奥普进行了回击。他写道：“一个合理的工业化计划首先要开发大自然赋予非洲的巨大能源，从而启动发展进程：首先是能源，其他的一切将随之而来。开发利用丰富的能源，对遵循外部盈利原则的私有企业来说是一个问题，但对于一个发展中国家来说，必须为进入工业时代而多策并举，并建设所有相关机构部门，因而能源过剩的想法是没有意义的。”①

① Cheikh Anta Diop, *Les fondements économiques et culturels d'un Etat fédéral d'Afrique noire*, Présence africaine, Paris, 1974.

迪奥普认为，丰富的能源储备将使非洲成为世界上工业化程度最高的大陆之一。令人惊讶的是，石油不在迪奥普列出的清单上。迪奥普写作之时，撒哈拉以南非洲的石油勘探还非常滞后。然而，迪奥普对石油勘探的进展感到乐观。他写道："虽然能源研究的前景是光明的，但我们只列出了目前存在的主要能源。这就是为什么没有提到石油和煤炭。然而，这两种能源未来在非洲经济中的地位是不可否认的。过去的悲观情绪被基于真实证据的蓬勃希望所取代。"

2. 通过优化资源开发的区域分工来发挥非洲的相对优势

迪奥普工业计划的第二个内容是，非洲资源的开发必须在最佳的地理配置框架内进行，即非洲区域工业分工。

关于这一最优地理配置，迪奥普划出了几大可以作为非洲区域工业分工框架的区域。他写道："能源和原材料兼备使黑非洲可以有八个发展工业的自然区域。"这些区域包括：扎伊尔盆地、贝宁湾—加纳—科特迪瓦区域、几内亚—塞拉利昂—利比里亚三角区、热带地区（塞内加尔、马里、尼日尔）、尼罗河苏丹—大湖区—埃塞俄比亚三角区、赞比西河流域、南部非洲。迪奥普进行了更进一步的分析，列出了在这一优化配置框架内可能开展的工业活动。他根据每个地区的优势，详细列出了工业活动清单。此处不一一赘述。感兴趣的读者可以阅读迪奥普《基础》一书第三部分。[①] 但可以肯定，迪奥普列举的工业活动将使非洲拥有自己的制造业，能够自主满足其人民对工业产品的消费需求，并通过出口满足非洲以外国家的消费需求。

尽管迪奥普没有提到著名的相对优势理论，但我们无疑应据此

---

① Cheikh Anta Diop, *Les fondements économiques et culturels d'un Etat fédéral d'Afrique noire*, Présence africaine, Paris, 1974.

选择非洲应开展的工业活动。对非洲来说，不是要去生产所有产品，而是在非洲拥有无可争辩的相对优势领域开展生产活动。要注意的是，不应像传统的比较优势经济理论所要求的那样，根据原材料是否充足的标准来界定非洲的比较优势，而应根据工业机会的标准来界定，这种标准使国家通过满足人民物质需要而获得独立。因此，非洲经济学家有责任根据人民的物质需求来定义这些工业机会。

这就是迪奥普提出的合理的非洲工业化计划的区域分工框架。这一计划的目的是使非洲人民能够为自己的生活创造物质条件。该计划反衬出后殖民时代非洲国家面临的荒谬情形。尽管非洲大陆汇聚着能源和原材料，但 21 世纪初的非洲社会仍然是电力短缺的社会。例如，尽管刚果民主共和国的水电潜力预估为 110 千兆瓦，但其电气化率仅为 9%，位列世界电气化率最低的国家之一。[①]

后殖民时代非洲社会的电力缺乏严重阻碍了非洲非正规经济领域的经营。它还延缓了非洲社会的全面数字化。当我们看到迪奥普早在 1955 年就推荐使用太阳能电池板[②]，而当时西方还没有考虑到这一点，目前的电力短缺就更加荒谬了。这表明迪奥普关于该问题的思考一直走在时代前沿。正如他所说，非洲拥有优越的太阳光照，因此使用太阳能电池板的政策也更为适用。

在南非，法国 Engie 集团正在约翰内斯堡以西 600 公里、卡拉哈里（Kalahari）沙漠中心的卡图（Kathu）开展太阳能发电工程。[③] 这是一个新型太阳能发电厂。这个高密度的太阳能发电厂不是由电池板组成的，而是由数百个太阳能反射镜组成。这项技

---

① *Le Monde* du 25 juin 2019, p. 15.

② Cheikh Anta Diop, Alerte sous les tropiques, *Revue Présence Africaine*, n° 5, nouvelle série, Paris, décembre 1955 – janvier 1956, pp. 8 – 33.

③ *Le Monde* du 29 – 30 septembre 2019, p. 14.

术可以在白天储存热量，并根据需要发电，特别是在需求量最大的晚间。

显然，如果后殖民时代的非洲国家能够利用非洲大陆能源和原材料的储备优势，依照迪奥普提出的合理的非洲工业化计划的优化区域分工框架，非洲就会出现完整的工业和农业体系，成为世界上最大的经济体。非洲国家是时候实施迪奥普倡导的工业化计划了。非洲经济学家应该推动落实迪奥普的计划。

3. 积极征服非洲内部市场

迪奥普工业计划的第三个内容是征服内部市场的概念。这一市场将为非洲工业产品提供一个自主盈利的空间。迪奥普是第一个强调这一市场潜力的人。他写道："……非洲必须征服并在很大程度上保持自己的国内市场，这是世界上最重要的市场之一。应专门编写一本书，研究这一市场，以期组织非洲国家的经济体系。"这一想法非常重要，因为这个市场将是非洲加工业产品的主要市场。外部市场只能获得我们制造业产品的剩余部分以及我们原材料的剩余部分。

有些人可能会认为谈论非洲内部市场是不恰当的，因为许多经济学家认为这个市场没有偿付能力。然而，非洲最近的经济历史否定了这一点。移动运营商在非洲获得的巨大利益证明了这个市场的支付能力。[①] 在移动电话领域，非洲市场是盈利仅次于亚洲的第二大国际市场。作为法国最活跃的电信运营商，Orange 公司大部分的营业额是在非洲实现的，非洲客户占其全球客户的 45%。[②] 塞内加尔第一家证券交易所 CGF 的成功也证实了非洲内部市场的盈利能力。加布里埃尔·法尔（Gabriel Fal）的思路是找到从内部为塞内

① José DoNascimento, « Le développement du téléphone portable en Afrique », *in Les télécommunications, entre bien public et marchandise*, Charles Léopold Mayer, Paris, 2005, p. 181.

② *Le Monde*, 25 juin 2019, p. 14.

加尔经济融资的方法。这包括向个人和专业人士提供定制产品，将他们的储蓄投资于非洲股票市场。因此，它使尽可能多的人都能获得投资的机会。CGF 的成功表明，即使在金融市场上，也应该开始利用非洲内部市场的储蓄。值得强调的是，CGF 交易活跃的原因是加布里埃尔·法尔调动了国内储蓄投资于塞内加尔国内市场。非洲的工业领袖们必须认识到，非洲有一个需要征服的巨大内部市场。目前的人口数据彰显了征服非洲内部市场的重要性。这是一个拥有超过 10 亿消费者的市场。

迪奥普还曾谈到在联邦国家框架内运用非洲内部市场的机会。1986 年，在喀麦隆 CTV 电视台的一个节目中，他说："联邦并不意味着困难的叠加，而是要创造一个经济和政治上的可运行空间，使我们能够拥有和组织自己的内部市场，这是世界上最强大和最庞大的市场之一，我们的产品不需对外销售，几乎 99.9% 的产品将流向这个市场，这将让我们可以摆脱来自外部的束缚。"①

正如我们通过这两个经济选项所看到的，迪奥普对非洲经济的看法与发展范式理念相去甚远。毫无疑问，虽然从话语角度看使用发展概念十分方便，但迪奥普并没有参加关于发展模式和战略的论战。更有甚者，早在 1952 年，他就向非洲人发出警告，劝他们不要接受杜鲁门总统就职宣言的第四点，该点奠定了发展理论的基础。②迪奥普更进一步，他把非洲工业化问题放在一个不局限于非洲工业化发展战略的高度上。他既没有提出追赶性的产业政策，也没有提出替代进口的产业政策，而是提出了一项内部盈利型的产业政策。③

---

① Dika Akwa Nya Bonambela (sous la direction de), *Hommage du Cameroun au professeur Cheikh Anta Diop*, Editions Presses Universitaires d'Afrique, Silex/Nouvelles du sud, 2006, p. 169.

② Cheikh Anta Diop, Vers une idéologie politique africaine, in *La voix de l'Afrique noire*, Bulletin mensuel de l'association des étudiants RDA, février 1952, pp. 5 – 21.

③ Cheikh Anta Diop, *Les fondements économiques et culturels d'un Etat fédéral d'Afrique noire*, Présence africaine, Paris, 1974.

这是一个发展理论从未考虑过的概念。[①]

从这个角度来看，迪奥普的非洲经济理论确实存在。它与关于非洲经济的发展主义观点背道而驰。非洲经济学家应该学习并运用迪奥普的经济理论。

（三）迪奥普与全球化

迪奥普关于非洲经济的思考也涉及全球化现象。最令人惊讶的是，他在这个问题上也有先见之明。事实上，迪奥普在 1954 年《黑人民族与文化》一书的序言中写道："我们注意到，有些人很快就投身于一个复杂的经济学领域，以证明在这个经济相互依存的时代，谈论国家独立是徒劳无益的。如果他们是真诚的，那恰恰表明这些人不清楚这种相互依赖的性质。诚然，封闭的小国家经济的时代已经结束，速度的提升缩短了相互间的距离，因而由来自各大洲的产品组成了国际市场，这是人们每天都表达的共同想法。如果有一个强大的非洲国家，几乎覆盖整个大陆，从利比亚地中海海岸到开普敦，从大西洋到印度洋，它将面临什么样的经济问题？它将在国际市场上出售过剩的产品，购买自己最短缺的产品，同时无需承受来自任何一种经济怪物的压力。考虑到这样的国家实力，它在经济上对其他国家的依赖程度不应超过后者对它的依赖程度。这必须是我们对经济相互依存的理解：不惜一切代价避免自己对他人的依赖超过他人对我们的依赖，否则这将自动导致殖民和剥削的单边联系。这就是为什么非洲大陆所有黑人国家联合起来的想法是绝对必要的。"迪奥普对全球化现象的反思值得深思。如果非洲采纳迪奥普的合理工业化计划，那么非洲大陆将是经济全球化现象的主要受益者。我们将利用全球化而不是忍受全球化。

---

① 关于对发展理论进行更新与补充的问题，可参阅本书作者《非洲现代性之路》一书。

七　非洲主权的教育条件：发展民族语言

为了建设现代社会，国家必须建立起优质的教育体系。教育体系的质量表现在两项能力上。一方面，它必须有能力培养出一批干部，他们的才干使国家在智识、科学和技术上具有自主性。另一方面，它必须有能力向国家精英灌输历史抱负，令其成为本国历史和社会发展的主导者。成功的教育体系所固有的这两项能力赋予了一个民族掌握历史主动性的能力，即创造力和创新力，使之能够创造自己生存所需的物质和非物质条件。

从这个角度来看，教育系统是所有国家和政府必须充分关注的首要领域。因此，国家必须进行的第一项改革就是教育制度改革。社会通过教育体系培养国家管理者、工业领袖、工程师、医生、学者、研究人员、教师、艺术家和工匠，他们的才能足以满足人民的期望，应对来自大自然的挑战。正是这些才使一个社会能够成为自己历史的主宰者。

然而，为了使教育系统发挥这一建设性作用，国家必须在其教育体系内整合有利于个人和集体智识发展的要素。在这些要素中，最重要的是母语。语言是学习和获得知识的首要工具。当使用的语言是母语时，习得效果是最好的，因为母语更有助于思考而不是记忆，更有助于理解而不是重复。一个国家的教育体系如果建立在非母语甚至是外国语言的基础上，那么就会为了记忆而牺牲思考，为了重复而牺牲理解。因此，这种教育制度不利于政治、知识和技术精英的创造力和创新精神。殖民时期非洲的教育制度就是这样。

因此，在独立前夕，如果非洲社会不打破殖民政府留给它们的教育制度，它们就有可能延用基于外语的教育体系。迪奥普意识到这一风险，很早就提请非洲政治行为主体关注在教育系统中引入母语的必要性。这不是出于民族主义，而是出于教育和文化效率的原因。

（一）母语与教学效率

关于教学效率，迪奥普早在1948年就写道："用母语学习效果更好，因为语言天分和语言使用者的思想状态之间有着无可争辩的一致性。此外很明显，使用母语接受教育可以节省数年时间。"①

迪奥普认为母语的教学优势在于可以防止教育系统中非洲年轻人以牺牲思考能力为代价而偏向记忆能力培养。1948年，他以一种前瞻性的方式提醒塞内加尔的年轻人注意到"……必须做出双重努力：先是理解单词的意义，然后再运用头脑去理解这些单词所表达的现实。这种糟糕的教学法往往导致与现实的断裂，而重新建立与现实的联系会十分缓慢，如果用沃洛夫语授课，这种情况就不会发生；因为一旦用母语表达现实，即使母语水平再一般，非洲人也会轻易掌握，而且在词义上出错的可能性变得极小。如果用欧洲语言表达，情况就完全不同了。从那一刻起，一切都好像被一层防水膜覆盖着，与精神隔开，精神只依附于公式、陈述，而这些公式、陈述被认为是妙方，成为知识本身。正是通过这种心理过程，记忆取代了理性，因此智力甚至没有机会得到被测试和评价的机会"②。

迪奥普认为，母语作为教学语言，可以避免非洲年轻人因为使用非母语接受教育而导致学习进度缓慢。1954年，他写道："非洲

---

① Cheikh Anta Diop, Quand pourra-t-on parler d'une renaissance africaine ? in *Le Musée vivant*, n° spécial 36 – 37, novembre 1948, pp. 57 – 65.

② Cheikh Anta Diop, Quand pourra-t-on parler d'une renaissance africaine ? in *Le Musée vivant*, n° spécial 36 – 37, novembre 1948, pp. 57 – 65.

儿童上学的第一天，他就有足够的逻辑能力来理解语言表达形式所对应的现实：一个移动的点产生一条线。然而，由于人们选择用外语来教给他这一现实，他至少需要 4 年到 6 年的时间，才能够学会足够的词汇和语法，也就是说掌握获得知识的工具，然后才能够学习这个知识点。”①

因此，迪奥普并不像批评者所说的那样，出于民族主义才主张在非洲教育中引入民族语言。这完全是为了提高教学效率。我们非洲人都经历了迪奥普所描述的一切，至少我们这些以非洲语言为母语的人是这样。因此，我们是最早理解他的正确性的人。因此，很明显，我们必须接受迪奥普关于母语教学的原则，作为后殖民时代非洲社会个人和集体智识发展的先决条件。

我们应特别关注比安维努·塞内·蒙加巴（Bienvenue Sene Mongaba）在刚果民主共和国开展的实验。他创办了一所以母语提供中小学教育的学校。结果特别令人满意，他的创意可被视为一个可以效仿和复制的模式。据观察，通过林加拉语教学，学生可以比使用法语更容易、更快地掌握和理解化学和物理知识。

（二）母语与文化效率

迪奥普对语言问题感兴趣，既是出于教学效率的考虑，也是出于文化效率的考虑。在《基础》一书中，迪奥普表达了这样一种观点：“语言的统一支配着整个国家的生活。没有它，民族和文化团结就只是虚幻和脆弱的。比利时的文化困境证明了这一点。”②

---

① Cheikh Anta Diop, *Nations nègres et cultures*, Tome II, Présence Africaine, Paris, 1979, p. 415.

② Cheikh Anta Diop, *Les fondements économiques et culturels d'un Etat fédéral d'Afrique noire*, Présence africaine, Paris, 1960, 1974.

为此，迪奥普主张所有非洲国家采用一种共同的交流和行政语言，实现非洲语言的统一。这种语言与其他多种常用语言共存，它必须是非洲语言，因为“从任何角度看，以外语为基础的语言统一都是一种文化的消亡。它将立刻导致我们真正民族文化的死亡，导致我们深厚的精神和智识生命的终结，让我们永远只能是模仿者，而错过在这个世界上的历史使命”①。

然而，泛非语言计划提出了一个实际问题：非洲大陆语言与各地语言的兼容性。迪奥普意识到这一点。他写道：“如何确保在一个多民族国家的框架内，联邦每个州都拥有本地表达方式，而整个大陆最好有一种通行的官方语言。”② 对迪奥普来说，这一实际问题并非不可解决，因为非洲语言的多样性并不因为一种通行语言的出现而终结。泛非语言计划的目的是将多种非洲语言共存在一种共同的语言之下，让使用不同非洲语言的人能够相互交流，但不影响本国语言的使用及其优势。这么看来，非洲的语言多元性并不是一个障碍。

1954 年，他写道：“一些人反对非洲黑人语言的多样性，他们忘记了非洲是一个大陆，就像欧洲、印度和美洲一样，后者都没有实现语言统一，那为什么必须在非洲实现呢？在整个非洲大陆使用一种非洲语言是不可想象的，就像今天只使用一种欧洲语言一样。”迪奥普认为不可能出现单一非洲语言，但这并不排斥非洲共同语言的想法，这将是非洲内部交流语言和行政语言。迪奥普呼吁，不要混淆单一语言和共同语言。他写道：“在欧洲，讲英语、法语和德语的人在欧洲大陆的任何地方都可以交流沟通，我们希望黑非洲也

---

① Cheikh Anta Diop, *Les fondements économiques et culturels d'un Etat fédéral d'Afrique noire*, Présence africaine, Paris, 1960, 1974.

② Cheikh Anta Diop, Un continent à la recherche de son histoire, in *Horizons*, *la revue de la paix*, n°74 – 75, Paris, juillet-août 1957, pp. 85 – 91.

出现类似的情况。”[①]

为了在非洲推行共同语言，迪奥普早在1948年就提出了解决办法。他写道：“人们通常都认为非洲不可能出现单一语言，其实就像欧洲不需要这种一致性一样，非洲也不需要。但是，如果认为这种明显的语言多样性妨碍了构建一种本土文化，那是绝对错误的。事实上，在我们时时提及的600多种语言中，只有4种是重要的语言，其余的只是小群体所使用的变体，如巴斯克语（basque）、加斯康语（gascon）等。然而，当一种方言只由少量人使用时，它既不能成为文化的基础，也不会成为文化的障碍。因此，在非洲，不是600种语言，而是只有4种语言能够发展成为整个非洲思想的载体。这将完全取决于非洲人的意愿、非洲人的坚定及其摆脱智识和思想束缚的决心。”[②]

1956年，迪奥普进一步澄清了他的思想：“面对非洲语言多样性带来的困难，许多非洲知识分子感到无能为力。他们忘记了这是一个普遍的问题，而不是非洲特有的问题。他们忘记了非洲是一个大陆，而不是一个国家，世界上没有任何一个大陆可以实现语言统一。值得注意的是，印度是亚洲大陆的一小部分，已然拥有繁多的语言；欧洲有100多种语言和方言，这并不妨碍欧洲人相互交流。事实上，并非所有这些语言都处于同一水平上，有些语言在使用范围、丰富性和文学发展方面比其他语言更为重要；最重要的则是使用语言的国家的政治角色重要与否。因此，在当下的欧洲，人们并没有考虑采用一种以不同国籍民众为文化基础的欧洲共同语言，而是采取学习三种语言的办法，即法语、英语和德语，使人们能够在

---

① Cheikh Anta Diop, *Nations nègres et cultures*, Tome II, Présence Africaine, Paris, 1979, pp. 415 – 416.

② Cheikh Anta Diop, Quand pourra-t-on parler d'une renaissance africaine ? in *Le Musée vivant*, n° spécial 36 – 37, novembre 1948, pp. 57 – 65.

整个欧洲大陆上顺畅交流。选择一种非洲语言作为政府语言是具备可能性的。当然，随之带来的困难不容忽视，人们会在争论中提出这些困难；但是，在未来的非洲，困难不会多于印度政府目前为强行推广印地语而遇到的那些困难。”①

对促进民族语言和非洲共同语言计划的全面及最新思考成果感兴趣的读者，可以阅读桑巴·布里·姆布布（Samba Buuri Mbub）的精彩著述。②

（三）母语与教育体系中语言改革的节奏

迪奥普赞成将非洲语言纳入教育系统，但并不赞成与前殖民国家的语言突然决裂。他主张逐步改革。因此，他就非洲教学语言改革的速度问题发表了见解。

1956 年，他写道：“当然，改革不可能一蹴而就。我们不是要立即建立本土语言学校。我们将遭遇以下困难：缺乏合格的教师和适合的教科书，而且目前本土语言中缺乏技术术语。但改革仍然是必要的。没有什么比这更能激发人民的民族精神了。因此，非洲知识分子必须下定决心，尽快完成这一革命。在这方面，已经做了一些整理工作，对非洲语言亲缘关系的研究在加深，语言的活力得到释放，迄今为止专家们所忽视的语法问题也得到了研究，并根据合理的规则纳入了技术术语。”③

1974 年，迪奥普就非洲教育系统语言改革的速度进一步明确了

---

① Cheikh Anta Diop, Apports et perspectives culturels de l'Afrique, *Présence Africaine*, N° spécial VIII-IX-X, Tome 1, Paris, 1956.

② Samba Buuri Mbuub, Langues nationales et renaissance africaine, in *La Renaissance africaine comme alternative au développement*, sous la direction de Jose Do Nascimento, Editions L'Harmattan, Paris, 2008.

③ Cheikh Anta Diop, Apports et perspectives culturels de l'Afrique, *Présence Africaine*, N° spécial VIII-IX-X, Tome 1, Paris, 1956.

意见。他提醒称，非洲本土教学语言“……将首先在所有地区的中学阶段教授，作为一门必修的活语言课程。接着，随着不同学科的教科书都采用这种语言编写，中学和高等教育课程的都使用这种语言教学，它将取代以往的欧洲语言，成为我们现代民族文化的载体。这样，欧洲语言并没有从我们的教学中消失，而是逐渐降格为中学阶段的现代语言选修课程”[①]。

八　非洲主权的智识条件：推动科学技术研究卓越发展

为了掌握其历史命运的进程，一个社会必须采取一定的政策，施动于周边环境。这需要我们客观地了解现实，包括社会现实和物质现实。换言之，一个施动于周边环境的社会必须为此创造智识条件。

这些智识条件关系到认识现实的能力，包括自然意义上的现实和社会意义上的现实。一个拥有有效智识资源的国家，是一个能够作用于所处环境并在政治、经济、技术和科学领域取得积极进步的国家。只有通过研究，包括精确科学研究和人文社会科学研究，才可以获得这种智识能力。迪奥普认识到科研所意味的挑战，提出了非洲在精确科学、人文和社会科学领域开展有效研究的条件。

（一）在精确科学领域促进研究的发展

迪奥普给非洲后世留下了一个了不起的观点，即精确科学研究是社会历史进步的一个重要因素。非洲政府和知识界应认真考虑他

---

① Cheikh Anta Diop, *Les fondements économiques et culturels d'un Etat fédéral d'Afrique noire*, Présence africaine, 1960, 1974.

的意见，并坚定地朝着他指出的方向前进。

1974 年，迪奥普写道："研究是不断重塑世界面貌的最根本力量。技术史表明，每一次新能源的发现都是物质文明的一次巨大飞跃。从古代的水磨，到明天的光子火箭，世界的面貌正处于持续的变迁当中。每一个新理论都改变了我们对宇宙的看法；18 世纪和 19 世纪牛顿和拉普拉斯的经典力学，20 世纪初爱因斯坦的广义相对论，自路易斯·德布罗意、海森堡和薛定谔的研究以来发展迅速的量子力学，为我们一次又一次地展现了让普通人觉得离奇、让知识界感到着迷的宇宙。因此，从最广泛和最深刻的意义上说，研究是改变世界的源泉。它为日常生活提供了新技术，加强了人类对自然的控制，成为世界变革的积极推动者。此外，研究发挥着培训高素质管理人员的作用。在发达国家，智识传统在家庭中代代相传，有时给人一种错觉，以为它是个体智识能力的遗传。这是对研究的重要性和作用的严重误解，将研究误作为一种奢侈品，或将其视为高等教育的穷亲戚，但研究其实是与高等教育密不可分的。"①

我们非洲人必须高度重视迪奥普所说的研究作为进步因素的作用。从这个角度来看，我们必须促进大学和大企业的研究活动。精确科学研究有助于创造财富，因为只有它才能创造一个具有创新技术潜力的国家。今天，正是创新技术潜力的存在，才能使一个国家获得必要的技术，在农业、工业和服务业领域创造出国家财富。

事实上，精确科学是当代大国农业、工业、医疗和军事实力的基础。只有精确科学才能掌控一个社会的外部和内部环境。然而，

---

① Cheikh Anta Diop, Perspectives de la recherche scientifique en Afrique, *Notesafricaines*, n° 144, octobre 1974, pp. 85 – 88, Institut fondamental d'Afrique noire. 这是迪奥普在 1974 年 3 月 27 日—4 月 1 日于达喀尔举行的西非科学协会（Association Scientifique ouest-africaine）第九届年会开幕会议上的发言。

除了确定研究的轴心和视角，精确科学还要求有专门用于基础研究和应用研究的基础设施。因此，迪奥普主张在非洲建立“高精尖领域（核能、信息学等）研究中心，并将其恰当地部署在非洲大陆各地区，以加入人类先进力量的行列，这些中心将是联邦性质的”[①]。要重视迪奥普这一建议：这些研究中心必须是联邦性质的。

显然，没有政治意愿和政府的支持，就不可能建立这种基础设施。政府应为非洲精确科学研究提供资源（基础设施、预算），确定主轴线（基础和应用研究优先领域）和目标（支持农业、工业、医疗、军事和卫生等政策）。然而，撒哈拉以南非洲目前缺乏这种意愿和政府支持。

毫无疑问，只有非洲中心主义立场的非洲政治机构才能够实施有效政策，建设国家技术潜力。这就是问题所在。我们必须拥有国家技术潜力，否则我们将把非洲大陆的未来押宝于国际社会，而未来国际社会中各国的财富和物质发展将更多地取决于掌握技术工具的能力，而不是原材料的拥有。我们非洲人必须特别意识到这一点。目前对非洲原材料的掠夺正把我们引向一个原材料枯竭的未来。在这种情况下，唯一的选择就是掌握技术工具。这就是为什么我们越早着手准备，对我们的后代就越是有利。

（二）在人文社会科学领域促进研究的发展

人文社会科学研究也有助于国家的富强，因为它提供了制定有效公共政策所需的学科知识。如果决策者没有得到社会科学学科卓越的专业知识的支撑，他们实施的公共政策将与社会现实脱节，其有效性值得怀疑。社会科学研究对政治决策的这种支撑并不只是精神层面上的。帕泰·迪亚涅以亨廷顿在 1977 年的《外交事务》中

---

① *Le Soleil* de Dakar. Samedi 9 et dimanche 10 mars 1985.

发表的关于文明冲突的论文为例（该文随后以著作形式出版）指出："亨廷顿的论文是一个关于安全环境变化和美国国家利益的研究课题成果。该课题属于哈佛大学战略研究所，旨在为美利坚合众国的前瞻性地缘政治战略提供参考。"①

正是在社会科学领域，非洲大学的研究与世界水平相差甚远。非洲大学提供的创新研究很少，这些大学在很大程度上仍然是西方研究的外围。

在迪奥普看来，非洲人文社会科学研究的这种状况是缺乏历时视角的结果。因此，他认为，只有一个解决办法：在所有知识和技能领域重新掌握古代埃及—努比亚的认识论，从而在历时视野中安身立命。

为了使大家理解重新掌握历时视角的实际意义，迪奥普使用了类比的手法进行解释。他写道："如果西方切断与希腊拉丁文化基础的联系，它就不可能建立一个人文社会科学体系。西方文化中最具现代性、技术性、前瞻性的成分都植根于希腊—拉丁文化，缺之则不可想象。同样，只有当黑非洲重新全面系统地融入其真正的历史，历时研究才将在不同的科学、艺术和文学领域成为可能；如此，研究就不会停留在短时段层面、结构层面或脱离实际。"②

帕泰·迪亚涅认为，很显然，运用迪奥普所倡导的方法论需要一种启发式方法，"准确阐明其哲学、课题、自身的利害关键、自主性、目标、手段和战略"。③ 只有界定好这样一种启发式方法，才能帮助非洲知识界摆脱仍然困扰着它的知识束缚。只有这样，非洲人文社会科学研究才能不再仅仅是西方理论的回声，西方理论的认

---

① Pathé Diagne, *L'Islam africain face à la Sharia orientale, penseurs et islamologues*, Sankoré/L'Harmattan, Paris, 2015, p. 338.

② *Africa*, n° 135, novembre 1981.

③ Pathé Diagne, *L'Europhilosophie face à la pensée du Nègro-africain*. Sankoré, Dakar, 1981.

识论结论往往是错误的，因为民族中心主义的日积月累产生着影响，但并不自知。只有自主的非洲研究才能帮助非洲人从真正的利益出发，在时间和空间上定位自己。只有研究才能为未来做出选择，为其创造财富的活动赋予意义。

值得注意的是，非洲人和海外非洲裔所开展的人文社会科学研究已经摆脱了欧洲中心主义知识体系的束缚，并在迪奥普和泰奥菲勒·奥本加的引领下产出了极具启发性的作品。这就是埃及学。非洲、加勒比和非洲裔美国埃及学派已经表现出显著的知识自主性。我们必须在法律、哲学、政治学、经济学、社会学等领域取得同样的成果。

在哲学领域，夸梅·恩克鲁玛的《意识主义》（*Le Consciencisme*），保林·J. 霍恩顿吉（Paulin J. Hountondji）的《非洲哲学》（*Sur la philosophie africaine*）、帕泰·迪亚涅的《面对非洲黑人思想的欧洲哲学》（*L'europhilosophie face à la pensée du négro-africain*）和玛尔西恩·托瓦的《非洲黑人哲学的观点》（*L'idée d'une philosophie négro-africaine*）指出了在哲学领域实现知识自主的途径。在法学领域，三位作者已经为知识自主开辟了道路，他们是吉·阿杰·库阿西甘（Guy Adjét Kouassigan）[①]、恩丁·迪亚特勒姆（Nding Dyatlm）[②] 和法图·基内·卡马拉（Fatou Kiné Camara）[③]，但到目前为止，大多数非洲法学理论家还没有走上这三位法学家开辟的道路。非洲的法学理论家如果想从欧洲中心主义对非洲土著法律的解释中解放出来，理解前殖民时代非洲的法律精神，就必须阅读这三位作者的书。

---

① Guy-Adjeté Kouassigan, *L'Homme et la terre*, Edition Berger-Levrault, Boulogne-Billancourt, 1966.

② NdingDyatlm, *Civilisation et science juridique en Afrique et dans le monde*, Paris, CLE, 1982.

③ Fatou Kiné Camara, *L'Union matrimoniale dans la tradition des peuples noirs*, L'Harmattan, Paris, 2017.

九　非洲主权的范式条件：把非洲复兴作为非洲现代性的范式

后殖民时代的非洲社会面临着一个重大挑战，这将决定它们在21世纪的命运。这一挑战是如何选择范式（即智识框架），以有效地思考建设现代非洲的未来所需的现代性视野。

非洲人在这个问题上有分歧。尽管相关政策失败，一些人仍然坚持发展范式，他们认为解决之道是从非洲视角重新思考发展政策。这方面的一个例子是，让－艾玛纽埃尔·庞迪（Jean-Emmanuel Pondi）率领的团队合作编写了《从非洲出发重新思考发展》（*Repenser le développement à partir de l'Afrique*）一书。[①] 那些试图将掠夺性发展政策逻辑永久化的人都是如此，他们还用一个新术语——"新兴"来掩盖这种逻辑。而其他人越来越多地转向非洲复兴的范式。但是，他们的话语往往暴露出对非洲复兴范式的基本要素缺乏认识。推荐他们阅读《非洲现代性之路》的第四部分。在这本书中，我们介绍了非洲复兴范式的来龙去脉。

显然，非洲正处于一个十字路口，必须决定走哪条范式道路。发展还是非洲复兴？从理性的角度来看，是可以有效地解决这两种范式之间的选择问题的。为此，需要使用历史的认识论。从这一认识论的角度来看，一个社会展望现代性愿景的角度取决于该社会的状态是由于历史落后还是历史倒退所造成的。

首先，历史落后现象的具体表现为：与文明道路上最先进社会的历史成就相比，社会结构存在滞后性。因此，这个社会面临的政

---

① Jean-Emmanuel Pondi（sous la direction de），*Repenser le développement à partir de l'Afrique*，Edition Afredit，Yaoundé，2014.

治挑战是，如果它想摆脱其他社会的统治，它就必须追赶其他社会。从这个角度来看，其现代性视野必须从历史追赶的角度来思考，这个视野是发展范式所固有的。其次，历史倒退现象指的是丧失了对历史动力的控制，这意味着无法掌握那些能够赋予一个民族为自己的存在创造物质和非物质条件的能力的因素。[①] 换言之，历史倒退现象导致了历史主动性能力的丧失。对一个社会来说，这具体表现为它失去了自主性，失去了自己创造生存所需的物质和非物质条件的能力。因此，社会面临的政治挑战是恢复其历史主动性能力。通过重新掌握历史主动性，它将能够重建自己，成为一个独立的政治空间，即一个能够为自己的存在创造物质和非物质条件的政治空间。因此，从这个角度来看，其现代性视野必须从重新掌握历史主动性的角度来思考，这个视野是历史复兴范式所固有的。

当代非洲的情况如何？其社会形态是历史落后还是历史倒退的结果？从历史因果关系的角度对非洲历史的研究表明，19 世纪以来非洲社会的历史状况并不是历史落后现象[②]，而是历史倒退现象所导致的[③]。从这个角度来看，非洲社会必须采取历史复兴范式固有的现代性视野。因此，通史，特别是非洲历史的认识论告诉我们，非洲复兴范式，而不是发展范式，才是思考现代非洲未来政策的有效范式和可操作的智识框架。

1960 年，迪奥普在一次采访中表达了他的理解："我们黑非洲的处境与文艺复兴时期的欧洲相似。"[④] 文艺复兴时期的欧洲并不是

---

① 这包括：对国家机器的控制，对经济体系的控制，对教育体系的控制，对技术和科学体系的控制，对历史记忆话语的控制。

② 如果欧洲船舶在公元前 15 世纪抵达非洲海岸，将会发现非洲在军事技术以外的领域都领先于欧洲。

③ 连续 5 个世纪的内外地缘政治冲突。

④ Interview de Cheikh Anta Diop, propos recueillis par Bara Diouf, *La Vie Africaine*, n°6, Paris, mars-avril 1960, pp. 10 – 11.

为了追赶差距，而是为了恢复其在蛮族入侵造成的历史倒退过程中失去的历史主动性能力。因此，迪奥普说后殖民时代非洲的情况与文艺复兴时期的欧洲相似，显然是指 15 世纪人文主义者思考欧洲现代性问题的范式，即历史复兴的范式。在 15 世纪欧洲人文主义者的心目中，他们想要改变的中世纪欧洲社会并不是历史落后造成的后果，而是历史倒退的结果。为了改造这个社会，他们选择从重新获得历史主动性的角度提出现代性问题，而不是从历史追赶的角度，他们对现代未来的思考不是在发展范式的框架内，而是在历史复兴范式的框架内。

因此，我们可以更好地理解，为什么迪奥普认为，为了推动后殖民时代的非洲社会走向现代未来，非洲的现代性问题不应从历史追赶角度提出，而应从重新获得历史主动权的角度提出。换言之，不是从发展的角度，而是从历史复兴的角度。事实上，后殖民时代的非洲社会，作为历史倒退的产物，需要做的不是弥补历史落后，而是要重新获得其历史主动性的能力，只有这些能力才能赋予一个民族创造自己存在的物质和非物质条件的能力。

迪奥普认为，思考非洲现代性的范式框架必须是非洲复兴的范式框架，而非洲复兴必须被定义为一个历史复兴蓝图，即重新获得历史主动性的蓝图。恢复历史主动性就是恢复使一个民族能够自己创造存在所需的物质和非物质条件的要素，即创造力、发明力和创新力。

因此，问题是如何恢复掌握历史主动性的能力。迪奥普认为，这需要重建可证实的历史中所彰显的非洲历史意识。对迪奥普来说，这样的重建是一种美德。它有助于克服那些妨碍后殖民时代非洲精英重获历史主动性的因素，即殖民主义的非洲历史版本所导致的从属意识。换言之，它可以释放非洲政治、知识和技术精英的历史主动性。从这个角度来看，在迪奥普眼中这种意识将成为一种动力，唤醒每个非洲人心中沉睡的文明巨人。

因此，我们必须采用迪奥普提出的范式。[①] 在告诉我们应选择非洲复兴作为我们现代性的范式时，迪奥普呼吁我们将非洲复兴计划定义为一个重新获得历史主动性的计划。非洲复兴：这就是迪奥普向非洲人民提出的范式和政治计划。作为一种范式，非洲复兴以一个知识体系的形式出现，使人们能够从规范、价值观、利益和优先事项自主的角度思考非洲的现代性问题。作为一个政治计划，非洲复兴是一个重新获得历史主动性的计划，目的是重新获得创造力和创新力。

迪奥普 1948 年所写的关于非洲复兴的文章可以证实这一点。[②] 该文经常被引用，但很少被分析。让我们分析一下这篇文章。在这篇文章中，迪奥普以文学和艺术为例，探讨非洲复兴的指标。他分析称，在文学方面，非洲复兴必须被理解为使用非洲语言的文学创作的复兴。如果我们同意迪奥普的这一结论，那么我们必须说，使用英语和法语书写的非洲文学并不是非洲复兴运动的一部分，因为它们首先反映了法语和英语的才华。显然，对迪奥普来说，在艺术和文学领域，非洲复兴必须被理解为采用非洲语言表达的创造性才华的复兴。

因此，迪奥普将展现非洲表达方式的才能和创造力作为非洲艺术和文学复兴的标准。这个标准必须引起我们的充分注意。它确实准确地表明了迪奥普对非洲复兴概念的理解。事实上，迪奥普选择艺术和文学领域来思考非洲复兴的要素并非偶然。通过大学教育，迪奥普从欧洲古典人文学科中汲取了知识养分。然而，在欧洲古典人文学科中，文艺复兴的概念被明确界定为历史复兴运动，在欧洲

---

① 关于非洲复兴范式的内涵和目标，可参阅《非洲现代性之路》第四部分。

② Cheikh Anta Diop，Quand pourra-t-on parler d'une renaissance africaine?，*Le Musée Vivant*，n° spécial 36 – 37，novembre 1948，Paris，pp. 57 – 65.

这首先表现为艺术和文学领域创造力的更新。因此，非洲复兴的概念在迪奥普的作品中参照了欧洲历史上的复兴运动。

因此，可以推断，迪奥普的非洲复兴概念与欧洲历史复兴的概念是一致的。这只是迪奥普在非洲大陆对历史复兴概念的启发式应用。历史复兴的概念在社会科学中指的是一个社会重新获得其失去的才能的过程，即历史性，或自己创造自己生存所需的物质和非物质条件的能力。换言之，这是一个社会作为自己的历史代理人重建自我的所有主动性。因此，在迪奥普看来，选择非洲复兴意味着选择在知识和能力的所有领域复兴非洲语言表达的创造力。只有这样，非洲知识、政治、技术和科学精英才能重新获得历史主动性。

我们对这篇文章的诠释是否符合迪奥普的思想？这个问题的答案是肯定的，这可以从迪奥普整个作品中传达的基本信息中得到证明。1986 年，迪奥普在喀麦隆的一次会议上确认了非洲复兴的概念。他明确表示："我们所有的历史研究都是非洲灵魂和精神的源泉，可以帮助非洲重新获得创造力，以便更好地应对当前的问题，更好地组织未来。这就是我的教学和研究所传达的信息。"① 因此，在迪奥普看来，选择非洲复兴就是选择在知识和技能的所有领域中复兴非洲语言表达的创造力。换言之，它意味着在知识和技能的所有领域，以历史主动性（设计、预见、发明、创造、创新的能力）实现非洲复兴。因此，从这一角度来看，非洲的复兴完全可以被理解为非洲社会重新获得历史性的过程，即有能力创造自己存在所需的物质和非物质条件，并且在这个世界上以自主的规范、价值观、利益和优先事项来创造这些条件。这就是所谓的历

① Prince Dinka Awa Noya Bonambela（sous la direction de），*Hommage du Cameroun au professeur Cheikh Anta Diop*，Edition Silex/Nouvelles du Sud Cameroun，2006，p. 43.

史主动性。因此，迪奥普将非洲复兴视为一个重新获得历史主动性的计划，即一个必须以非洲人民重新获得创造力、发明力和创新力的形式实现的计划。这是迪奥普写的关于非洲复兴的文章的一部分。从这篇文章可以看出，对迪奥普来说，创造力必须被视为非洲复兴的标志。这就是为什么我们非洲人必须把非洲复兴计划理解为一个恢复历史主动性的计划，即一个恢复我们创造力、发明力和创新力的计划。

非洲进步运动的成员必须接受这样一种观点，即在迪奥普的理念中，非洲复兴既不是一个回归过去的计划，也不是一个唤醒非洲的计划。迪奥普的非洲复兴是一个重新获得历史主动性的计划，目的是重新掌握创造力和创新能力。在这个计划中，过去并没有被忽视。过去不是作为一个身份和本质主义的参照物，而是一个经验和知识的集合，我们可以从中吸取关于组织政治、管理经济、思考存在、计划超越和施动于自然的经验。因此，需要从焕新的角度来看待过去，而不是从复古的角度。迪奥普在《黑非洲的文化统一》一书中写道："知识分子必须研究过去，不是沉溺于过去，而是在必要时从中吸取教训或基于对历史原由的了解而避免犯错。"在《黑人民族与文化》一书中，迪奥普的观点更为明确，他驳斥了现代性意味着与过去决裂的观点。1954 年，迪奥普在该书序言中写道："……现代主义并不意味着与过去的活力源泉决裂。相反，现代主义意味着融合新的元素，以达到其他民族的水平，但新元素的融合意味着一个融合的环境，即社会建立在过去的基础上，当然不是建立在朽亡的部分之上，而是建立在一个具有强大生命力的历史基础上，这个历史应被充分研究，让所有人都能在其中找到自我。"

十 非洲主权的宗教条件：多元信仰和宗教平等

非洲的宗教世界中三足鼎立：恩赞贝主义（nzambéisme）[①]、基督教和伊斯兰教。恩赞贝主义指非洲本土宗教，它认可宗教多元主义的原则，并以其在超验性上的理性主义有别于其他宗教。后两个宗教则来自外部，它们不承认宗教多元主义的原则，在超验性问题上传播着神话话语（对神的启示的信仰），并依靠对非洲土著文化的偏见来反对恩赞贝主义。事实上，它们给非洲带来了两种本不存在的现象：改宗和宗教不宽容。因此，这两个外来宗教不仅在它们之间，而且在它们与恩赞贝信徒之间始终存在内战的危险。夸梅·恩克鲁马、阿马·马扎马和迪奥普意识到非洲宗教的这种潜在冲突，因此对这一问题进行了思考。

阿马·马扎马对后殖民时代非洲宗教三个组成部分间的冲突进行了论述，他提出的解决办法是拒绝基督教和伊斯兰教，因为二者阻碍了非洲政治意识在面临政治挑战时采取自主立场。阿马·马扎马的解决方案是激进的，但也可以理解，确实可以观察到非洲宗教中的基督教和伊斯兰教阻碍了非洲政治意识自主。事实上，在当下的语境中，非洲基督教和伊斯兰教的存在助长了文化和政治领域对外国利益的服从，它们的利益与非洲人民的真正利益背道而驰。特别是其中还有原教旨主义组织的存在。

关于欧洲基督教、伊斯兰教和当代非洲文化个性中的恩赞贝主义之间的冲突，夸梅·恩克鲁玛认为："……它们主张的原则往往相互矛盾。"由于这种冲突关系，三者将后殖民时代非洲个性割裂

---

① 可参阅《非洲现代性之路》第四部分第七章。

为相互对立的价值极。因此，它们阻碍了非洲人从自身文化特性出发采取一致的政治行动。恩克鲁玛写道："我们对西方和穆斯林经验的态度必须是理性的，必须有指导思想，因为没有理论的实践是盲目的。我们首先需要的是一套理论，它将决定我们为统一非洲社会而采取的行动是何种性质……"。恩克鲁玛的关切确实是这样，要根据从非洲历史经验中继承的文化特性，统一非洲人的政治行动。恩克鲁玛提出的解决方案就是把非洲人的文化特性和政治行动统一起来。这就是他所说的哲学自觉主义。

恩克鲁玛写道："自觉主义是一种智识力量的组织，它将使非洲社会能够吸收西方、穆斯林和欧洲基督教元素，并改造它们使之融入非洲的个性。"恩克鲁玛进一步补充道："被称为自觉主义的哲学，从非洲意识现实出发，指出了如何从意识冲突中找到进步的道路。"显然，哲学自觉主义是一种哲学方法，它以辩证的方式解决矛盾，特别是以辩证的方式超越相互对立的价值观。这种哲学方法的优点是能够激发新的非洲文化特性的形成。非洲人将重新获得政治行动的统一性。恩克鲁玛提出的解决方案在智识上是有吸引力的。唯一的问题是，如何激励非洲所有文化圈层通过放弃最初的自我来辩证地超越矛盾，他没有提出方案。他只是从范畴转换的角度确认这种超越是可能的。因此，相关辩论仍然是开放的，如果说认为在物质上相互冲突的力量可以转化的观点比较容易接受，认为在思想和信仰领域中相互冲突的力量可以转化的观点却比较难以令人接受。

迪奥普也论述了非洲宗教三足鼎立中的潜在冲突。他考虑的是一个独特的解决方案：根据宗教多元化的理念，制订一个属于非洲宗教三大派的共同的政治计划。该计划将超越宗教信仰的多样性，使非洲重获政治意识自主性和政治行动统一性。让我们来看看迪奥普的解决方案。

迪奥普曾两次就非洲的宗教问题发表观点。第一次是在《黑人民族与文化》一书的序言中。迪奥普呼吁非洲人，无论他们信仰何种宗教，都不要认为他的科学论述是对他们个人信仰的攻击，因为那样一来他们就会忽视这本书的主要内容，即提出解决所有非洲人面临的具体问题的方案，而不论其宗教信仰是哪种。具体地说，非洲人，无论是基督徒、穆斯林还是恩赞贝信徒，都需要重新获得历史主动性。因此，迪奥普提出的非洲重新获得历史主动性的方案本身就是三大宗教的支持者所共有的。它之所以是共同的方案，是因为重新获得历史主动性是非洲每个宗教团体在体面的物质和政治条件下生活和践行其信仰的必要条件。因此，迪奥普着眼于非洲基督徒、穆斯林和恩赞贝信徒的共同利益，而不仅仅是他们各自的信仰特性。从这个角度来看，我们甚至可以说，这种共同利益与其说是他们作为非洲人的特性，不如说是他们作为一个渴望在体面的物质和政治条件下生活和践行信仰的人所固有的特性。

迪奥普写道："……我想说，我无意影射伊斯兰教或基督教的真实性。我认为，任何严肃的、现在想在自己国家有所作为的非洲人，都会避免去批评别的宗教。宗教是个人事务。这里只讨论必须解决的具体问题，以便每个信徒都能在更好的物质条件下自由信奉自己的宗教。因此，如果在阅读我的书的时候，私心里却想在书里找到一个亵渎神明的词然后出声斥责，那将是不诚实的。"因此，迪奥普呼吁信仰非洲三大宗教的非洲人认识到他们的共同利益，而不仅是他们各自的宗教特性。共同利益将使非洲重新获得其充分的主权。共同利益是非洲人共同的生存条件，超越宗教信仰差异。迪奥普提出了重新获得全面主权，那么非洲复兴计划是非洲宗教自由的条件之一。

迪奥普第二次谈到非洲联邦的宗教问题，是在《一个寻找历史的大陆》（Un continent à la recherche de son histoire）一文中。在文中，迪奥普警示非洲政治行为体，如果不给予非洲本土宗教信徒与基督教、伊斯兰教信徒同等的言论、组织及运作的权利和能力，非洲社会就有可能最终西化或东方化。迪奥普写道："毫不奇怪，直至目前，不同源的各种外部势力都试图在现实层面，即政治上和物质上同化黑非洲，他们大肆扩张，在宗教领域筑垒固守……他们都在努力改变被其称为异教徒的8500万非洲人的信仰！因此，非洲西化或东方化取决于是哪一方获得成功。有理由认为，非洲联邦政府将通过创立全教理事会和培养牧师，为祖先宗教的支持者提供平等的工具，以建立与时俱进的等级制度和礼拜仪式，在整个非洲大陆培育一个牧师群体，并在祖先一神论的基础上深化和规范教义。如此一来，未来的联邦政府将保护非洲大陆免受一切新的外国隐蔽渗透，保护非洲人不受任何文化异化的影响……从而在敏感的宗教领域实现和平共处。"

在这篇文章中，迪奥普明确承认亚伯拉罕宗教[①]是非洲宗教体系中不可绕过的组成部分。他也指出，亚伯拉罕宗教的支持者认为，非洲国家可以独立，但前提是独立后非洲人成为基督徒或穆斯林。

迪奥普反对这种必然导致非洲宗教战争的情况。他主张采取一种能够避免发生宗教争端的解决方案，即在非洲联邦国家的框架内和平共处，每个宗教群体都能平等地发表言论、组织和运作。因此，迪奥普主张在非洲实施宗教多元化，只要亚伯拉罕宗教不因其改宗诉求而破坏公共秩序。正是基于这种对公共秩序的尊重，国家才可以在言论、组织和运作方面给予每个宗教以平等的支持。

该如何看待迪奥普提出的解决办法？为了掌握迪奥普预设的解决方案，我们首先必须理解到位。可以说，迪奥普超越了非洲三大

① 指以亚伯拉罕为始祖的三个世界性宗教：犹太教、基督教、伊斯兰教。

宗教之间的对立，把握住了三者的共同利益。具体而言，迪奥普呼吁非洲三大宗教的信徒认识到他们的共同利益，超越他们的宗教特性。也就是说，在体面的物质和政治条件下生活在自己的宗教信仰中符合每个人的利益。然而，非洲只有在所有知识和技能领域重新获得历史主动权，才能实现这种共同利益。只有非洲的每一个成员，无论其信仰何种宗教，都不会因为与外国宗教的团结而侵犯到国家主权，才能实现非洲的共同利益。换言之，非洲复兴计划是在经济、政治和信仰安全的条件下实现宗教自由的客观保障。如果没有这个计划，非洲三大宗教之间的关系将受到外国行为主体的各种操纵。

在许多情况下，非洲的经济和政治条件导致了基于宗教身份的冲突。教徒们认为是在为自己的上帝而战，而事实上，他们在为操纵自己信仰的政客而战。因此，基督徒、穆斯林和恩赞贝信徒有必要共同参与非洲复兴的斗争，因为这是他们自身自由的先决条件。非洲的基督徒、穆斯林和恩赞贝信徒是一个命运共同体，尽管他们之间存在差异。他们有责任认识到，他们必须优先考虑这一命运共同体的生存条件，那就是非洲复兴。正是从这个角度出发，迪奥普谈到了非洲进步阵营在宗教问题上应该采取的立场。那么他的解决方案是否可行？

我们认为，他的解决办法是当代非洲避免宗教战争的唯一办法。甚至这是唯一能够防止一部分非洲人仅仅因为与外国的宗教团结而损害非洲国家主权的解决办法。然而，我们认为，迪奥普的解决办法有一个前提条件，即亚伯拉罕宗教的支持者要就其对黑人及其文化的贬损言论进行自我批评。因为亚伯拉罕宗教的问题不是它们来自外国，而是它们对非洲文化身份的贬损。这种贬损性的言论使非洲人对非洲本土身份认同和非洲自主政治计划持敌对态度。在《非洲现代性之路》中，我们就此进行了阐述，只有亚伯拉罕宗教的支持者进行自我批评，放弃对非洲本土文化特性的任何贬损性言论和价值判断，才能实现宗教多元化，使非洲宗教的和平共处成为现实。[①] 我们认为，这是迪奥普提出的宗教多元化合理主张的先决条件。

最后，我们注意到，如果迪奥普和许多非洲神学家试图保护祖先的宗教和非洲本土文化特性，那不是出于文化民族主义的动机。这完全是因为本土宗教和文化特性博爱的特点。它们都反对一切宗派主义，反对一切通过传教或武力使他们的世界观一元化的想法。从这个角度来看，非洲本土宗教和非洲本土文化特性必须作为一种平衡的宗教观和文化特性得到保护。我们很快将出版一本关于非洲恩赞贝主义的书。

十一　非洲主权的博爱条件：警觉的人文主义

我们已经看到，迪奥普开展了一项前瞻的政治工作。在殖民背景下，迪奥普明确了未来独立的非洲国家生存所需的先决条件。

因此，一些分析人士完全是出于恶意或智识惰性，将迪奥普的作品描述为民族主义和复仇主义的作品。许多欧洲分析家和某些非洲分析家尤其如此，他们将如此了不起的作品定性为民族主义或身份认同主义，却并未先对迪奥普的作品提出有理有据的批评。值得注意的是，他们经常呼吁非洲人淡化自我，融入普世主义计划，而这个计划真正而不可告人的关键是对一切非洲身份的摒弃。19 世纪的博伊尔·霍顿（Boyle Horton）和 20 世纪的桑戈尔就是此类分析家的代表人物，而现在他们的领军人物是阿西勒·姆邦贝(Achille Mbembe)。

---

① 参阅《非洲现代性之路》第四部分第七章。

阿西勒·姆邦贝甚至把迪奥普的作品视为一种神话建构。[①] 姆邦贝是后殖民时代关于政治社会的优秀分析家。他的政治主题分析质量很高，因此推荐阅读他的作品。但在身份问题上，必须指出他的思想存在缺陷，一个可能源于他所接受的基督教传教士教育的缺陷。姆邦贝在他的《黑人理性批判》（*Critique de la raison nègre*）一书中正确地谴责了一切鼓吹种族身份的行为。从这个角度出发，他谴责了西方征服者借此来树立贬低黑人的思想，以奴役被贩卖到美洲的非洲人。也是从这个角度，姆邦贝谴责黑人精神运动思潮借此来构建基于黑人身份的价值化和本质化的解放话语。

但是，对种族身份的揭露使姆邦贝掉入了把种族身份（黑人精神运动思潮话语的观点）和文化认同（迪奥普的观点）混为一谈的陷阱。这种混淆导致他拒绝一切身份认同的言论，包括文化认同。因此，他拒绝一切传播文化多样性的言论。地理多样性必然产生文化多样性，这是一个事实，而他与之背离。文化多样性其实是人类社会固有的文化之美。

因此，姆邦贝不由自主地掉入了反对多样性的陷阱。他主张通过混合身份的方式，建立一个单一的普世身份，他将其中正在形成的非洲身份称为“非洲世界公民主义”（afropolitanisme，这一概念强调非洲人的世界公民身份）。这个新概念涉及那些拒绝仅被作为非洲人对待的人们，他们认为自己通过职业活动也适应了西方文化。真正的问题是，是什么让他们如此不愿意被视为非洲人？众所周知，日本既保留了自己的文化，又参与了西方文化。然而，从来没有人听说过一个日本知识分子由于在工作中适应了西方文化，而拒绝仅仅被作为日本人对待。

---

① Achille Mbembe, *A propos des écritures africaines de soi*, *Politique Africaine*, N°77, 2000/1, pp. 28 – 29.

事实上，阿西勒·姆邦贝之所以不接受种族或文化层面的非洲身份概念，其实只是因为这阻碍了他提出的社会计划——“共同社会计划”。值得注意的是，“共同社会计划”实际上只是著名的桑戈尔普世社会计划的新名字，它只能建立在世界各国人们文化和身份标准化的基础上。因此，姆邦贝反对所有高举差异和身份旗帜的人，无论是出于歧视（如种族主义）还是为了解放（如黑人精神运动、泛非主义及非洲中心主义）。所以，他倾向于将任何宣传和促进非洲身份认同的言论称为民族主义，因为这种身份认同是普世同质社会计划的障碍。

一些非洲分析家以努力建立普世社会为理由，反对一切非洲文化特性。在他们眼中，那些希望为实现国家独立而努力，在地缘政治、政治、经济、文化、教育、语言、科技领域恢复迪奥普所主张的非洲历史主动性的非洲思想家们都是民族主义者。非洲青年必须知道如何使自己免受这些分析家的影响。阿西勒·姆邦贝继桑戈尔和弗朗茨·法农之后倡导乌托邦普遍主义，我们希望非洲青年与之保持距离，去接受迪奥普倡导的警觉的人文主义。

迪奥普的作品充满了警觉的人文主义。1956 年，迪奥普写道：“尽管人们谈论人民的兄弟情谊和天下大同，但我们可以预见，实现这一目标将需要一段时间，因为社会中仍然存在许多黑暗的思想。因此，我们比以往任何时候都更需要保持警惕，直至我们所有的能量都被用于创造保护我们政治边界的有形力量。”1974 年，迪奥普更加明确地写道：“无论肤浅的头脑怎么想，天下大同都不会在今天实现。目前，世界人民的思想还远没有受到足够的教育，不足以消除那些黑暗的思想。保持警觉仍然是一项准则。所谓的四海一家与历史和人民的利益脱节。当真正的缝隙出现，它们很可能需要难以估量的时间才能与大陆的形状融为一体。无论如何，只有通过相互敬畏才能消除这种缝隙。只有当各国人民同样强大、具有同样的教育水平，而无法再互相欺骗，才能实现各国人民间亲如兄弟和天下大同。因此，大陆国家的存在可能是天下大同的前奏。"①

正如我们所看到的，迪奥普设想的不是普世主义，而是各国人民之间的兄弟情谊，这可能是天下大同的前奏。但对迪奥普来说，这种兄弟情谊只有在地缘政治条件得到满足的那一天才能实现。也就是说，当不同的民族都变得强大并具有同等的教育水平，以至于没有一个民族能够再欺骗另一个民族，这种人民间兄弟情谊才不是乌托邦。那时候，国际社会将真正成为一个受到良好教育的社会，在这种社会中，人们可以从让·齐格勒（Jean Ziegler）所说的普通人类身份意识的角度来看待人们之间的兄弟情谊。

泰奥菲勒·奥本加非常及时地编写了教材，使世界人民的思想能够受到教育，朝着有利于人民兄弟情谊的方向发展。这一教材是对普世历史的介绍，它可以引导地球上所有人认识到自己的普通人类身份。奥本加在《新历史》一书中阐述了这样的历史观。② 因此，阅读这本书可以了解奥本加的新历史观。如果政府同意将这本书纳入中小学和大学体系，这个新历史观将带来人民之间的兄弟情谊。所有渴望在各国人民之间建立真正兄弟情谊的人应该阅读泰奥菲勒·奥本加的这本书。令人惊讶的是，联合国教科文组织尚未将其列入自己的参考书目。毫无疑问，这是泰奥菲勒·奥本加最优美（真理与和谐意义层面的优美）的作品。

必须强调，迪奥普的警觉人文主义是一种真正的人文主义。他关心整个人类的未来。事实上，它超越了对各国人民之间和平国际关系的关注，而是关注人类未来的时空命运。例如，迪奥普对精确科学预测的太阳将不可避免消亡这一令人担忧的问题的警觉性就证

---

① Cheikh Anta Diop, *Les Fondements économiques et culturels d'un Etat fédéral d'Afrique Noire*, Edition Présence africaine, Paris, 1974, pp. 33 – 34.

② Théophile Obenga, *Pour une Nouvelle Histoire*: *essai*, Présence africaine, Paris, 1980.

明了这一点。早在1950年，迪奥普就写道："我们如何避免这种命运？科学家们预测太阳系的寿命是150亿年，然后太阳将熄灭；人类即便不是死于高温，也将会死于寒冷。"[①] 当人类终于普遍意识到太阳系消亡的可能性，那么有一件事是肯定的，那就是人类将陷入真正的悲观主义，因为对人类来说，地球的存在将变得毫无意义。然而，迪奥普说，即使在这种情况下，"……必须赋予事物以意义；科学家的工作必须是在对文明和宇宙非常有用的活动框架内进行，否则荒谬将统治宇宙"[②]。为此，迪奥普呼吁学者们预测太阳系消亡的可能性。他写道："科学家必须找到一种方法来避免其研究导致令人不安的可能性，找到打破未知的坚不可摧的意志。"[③]

迪奥普呼吁科学家和人类不要坐等太阳系消亡的到来。他希望人类对此进行预测，提出一个关于太阳本身的行动计划。这样一个项目无疑将赋予地球的存在以意义。因此，迪奥普希望各国科学家认识到："……经过150亿年的思考，人类绝对有可能以几乎永恒的方式驯服太阳系，并将统治扩大到冥王星的外围行星。这可以通过使用星物质制成的卫星投入太阳，或者通过从巨大的人造电磁场加速氢原子核来提供给太阳以辐射能量实现吗？拒绝热力学死亡，稳定太阳系，保护它不受危险流星的伤害，凝固气体行星，加热外围行星使其适合居住，防止生物怪物的出现和扩散，控制行星的气候和演进，发现和维护太阳系中所有可通行的道路，与银河系附近的恒星通信，创造出长寿超人，这可能是未来学者全心关注的问

---

① Cheikh Anta Diop, *L'unité culturelle de l'Afrique noire*, Présence africaine, Paris, 1959, 1982.

② Cheikh Anta Diop, *L'unité culturelle de l'Afrique noire*, Présence africaine, Paris, 1959, 1982.

③ Cheikh Anta Diop, *L'unité culturelle de l'Afrique noire*, Présence africaine, Paris, 1959, 1982.

题。如此，生命就以自己的方式战胜了死亡，人类就实现了一个几乎永恒的人间天堂，同时也战胜了所有悲观的形而上学和哲学体系，以及关于世界末日的所有思想。人类意识进化的一个伟大阶段即将到来。人类将成为黑格尔哲学意义上的上帝。”① 这就是迪奥普警觉的人文主义。

十二　非洲主权的战略和战术条件：组织全大陆的政治协调

本节我们要阐述非洲进步运动击败后殖民时代掠夺者政治体系所需的战略和战术条件。令人惊讶的是，迪奥普的著作也就此提供了有效答案。他的著作包含了一个关于革命成败原因和条件的理论，可以为非洲进步运动提供有效的战略和战术，以推翻后殖民时代出自非洲和来自外国的掠夺者的统治。

（一）迪奥普关于革命成败原因和条件的理论

在《文明或野蛮》的第二部分，迪奥普用了 9 个章节的笔墨来研究社会发展的规律。这项研究为历史社会学提供了新的视角。它就家庭的出现、社会的产生、婚姻制度的形成、不同类型国家的形成过程等问题提供了新的见解，并对历史的驱动力、社会矛盾和对立、历史上革命的成败原因和条件、影响一个民族与外来移民之间和平冲突关系的规律等问题进行了新的解释。人类学家、社会学家、政治学家和历史学家都能从这本书中受益。它为相关的学科带来了新的见解。

① Cheikh Anta Diop, *L'unité culturelle de l'Afrique noire*, Présence africaine, Paris, 1959, 1982.

对迪奥普来说，革命成功的先决条件是革命者有能力协调在整个政治领土上的政治行动。迪奥普还认为，协调的成功与否取决于政治领土的面积。迪奥普认为，如果面积小（仅限于一个城市），则有利于革命者在政治领土上协调政治行动；如果面积很大（涉及多个城市），则反之。

迪奥普认为，政治领土面积小有助于革命者在整个领土上协调政治行动，从而使革命行动有可能取得成功。例如，古希腊城市的案例就是如此。反之，一个幅员辽阔的政治领土会导致整个领土上的政治行动难以协调，因此，革命者行动的成功难以甚至无法实现。古埃及、古中国和古罗马就属于此类。迪奥普的结论是，在一个由多个城市组成的广阔政治空间内，革命的成功取决于革命运动组织在整个领土上协调其政治行动的能力这一战略因素。1789 年的法国、1917 年的苏联和 1949 年的中国就是这样，北美的独立战争更是如此。

对迪奥普来说，在整个政治领土上协调政治行动的能力是革命失败或成功的主要原因之一。如果一个国家是按照大面积领土的模式组织起来的，并且有能力有效地控制全国，革命就不可能成功，除非革命组织的领导人们有能力协调整个领土上的政治行动。根据迪奥普的说法，这就是“世界革命遇到的困难”。他进一步推论，这就是“许多革命运动的失败和这种特殊情况下新一代理论家的出现”的原因。他举了赫伯特·马尔库塞（Herbert Marcuse）的例子。

（二）非洲进步阵营的启发式理论

迪奥普的理论在许多问题上具有启发性。本节中，我们将根据他的理论研究两个问题：一是非洲军队败于劫奴武装和殖民者军队的问题，二是第二次世界大战后非洲民族解放运动的缺陷问题。

1. 关于非洲军队败于劫奴武装和殖民者军队问题的启发性理论

迪奥普的理论为研究劫奴武装获胜和殖民者军队深入非洲提供了一个新的视角，也为非洲军队败于劫奴武装和殖民军队入侵的原因提供了新的论述。

帕泰·迪亚涅认为，根据对事实的观察，非洲军队的失败首先归因于军事技术层面。[①] 非洲军队的武器极其落后。步枪和大炮创造了一种有利于劫奴武装和殖民军队的力量关系。正是这些工具使他们能够击败非洲军队。

然而，非洲军队也曾多次成功地击败劫奴武装和殖民者军队。例如，1879 年祖鲁人的军队在伊桑德尔瓦纳（Isandhlwana）大败英国军队，其装备是长矛和箭。伊桑德尔瓦纳战役发生于 1879 年 1 月 22 日，是在南非爆发的英国—祖鲁战争中的一次战役，也是英国殖民者遭遇的最惨重失败之一。由恩金戈瓦约·科扎（Ntshingwayo Khoza）和马乌蒙戈瓦那·卡姆德莱拉·恩图利（Mavumengwana Kamdlela Ntuli）指挥的非洲军队打败了邓福德（Anthony Durnford）上校和普莱恩（Henry Pulleine）中校指挥的英国第 24 步兵团的 6 个营、1 个纳塔尔土著人分队及巴索托辅助部队。

那么，为什么非洲军队尽管军事技术落后却时常能取得胜利，但最终仍无法彻底击败殖民军队？根据迪奥普的研究，这是因为非洲军队在整个大陆的行动缺乏协调，而殖民军队入侵是在整个非洲大陆进行的。因此，与殖民入侵军队的斗争缺乏大陆协调，最终解释了殖民军队的胜利。胡志明的军队之所以成功地击败强大的美国军队，最重要的原因难道不是其能够在越南全境组织协调解放斗争吗？

---

① Pathé Diagne, Renaissance et problèmes culturels en Afrique, in *Introduction à la culture africaine* (sous la direction d'Ola Balogun, Honorat Aguessy, Pathé Diagne, Alpha I. Sow), Editions Unesco, Paris, 1977.

2. 关于第二次世界大战后非洲民族解放运动缺陷问题的启发性理论

迪奥普对历史上革命成败的原因和条件的反思，不仅可以追溯到《文明或野蛮》一书。在殖民时期，迪奥普已经开始思考战胜殖民体系应采取的最佳战略。事实上，20 世纪 50 年代，迪奥普已提醒非洲政治行为体们，非洲民族解放运动的斗争需要在整个非洲大陆进行协调。迪奥普认为这种协调是打败殖民体系的战略条件。

他的观点是受到了殖民国家成立协调殖民活动的常设理事会的启发。该理事会成立于 1952 年殖民国家的伦敦会议上。这个协调机制导致了不利于非洲解放运动的力量关系，因为非洲各解放运动之间缺乏协调，各自孤立。每一个解放运动都是在殖民地边界内孤立地开展斗争，未能在大陆层面进行协调。

迪奥普意识到当时力量关系在组织形式上的不平衡，很早就支持以一个联盟对抗另一个联盟的想法，即用非洲解放运动的联合协作去对抗殖民国家间的联盟和协作。1953 年，他在关于黑非洲政治斗争的文章中阐述了这一观点。[①] 他写道："现在比以往任何时候都更有必要发动全非洲的年轻人团结起来，去反对旧欧洲联盟，他们是殖民主义的受害者。现在黑非洲斗争的性质是什么？黑非洲的现实是各个所谓的现实主义政治运动决然地相互忽视，造成的后果是殖民大国无须动用猛烈打击手段，就能以最轻松的方式一次又一次地碾压这些运动。非洲民主联盟（Rassemblement démocratique africaine）和肯尼亚民族联盟（Union nationale du Kenya）就是典型例子。"[②]

迪奥普在伦敦会见非洲英语区殖民地解放运动代表时，试图将

---

① Cheikh Anta Diop, La lutte en Afrique noire, in *La voix de l'Afrique noire*, bulletin mensuel de l'association des étudiants RDA, Paris, mai-juin, 1953, pp. 9 – 14.

② Cheikh Anta Diop, La lutte en Afrique noire, in *La voix de l'Afrique noire*, bulletin mensuel de l'association des étudiants RDA, Paris, mai-juin, 1953, pp. 9 – 14.

这一观点转化为行动，期望在整个大陆组织一次解放运动的协调。

在理论上，迪奥普对自己的观点进行了如下论证：“在经过一定程度的组织和扩张之后，政治运动的有效性更多地取决于在整个大陆进行斗争的协调，并旗帜鲜明地提出民族独立目标，而不是通过妥协，这样才能挫败帝国主义无休止的挑衅。”① 迪奥普还说：“协调出现之日，力量关系将发生根本性的变化。”② 毫无疑问，非洲大陆反殖民斗争之所以缺乏协调，是因为尽管非洲农村民众、农村精英、城市民众、城市精英进行了反殖民斗争，但非洲的去殖民化主要是由美国和苏联两大国的反殖民立场推动的，而两大国并非出于慈善动机才反对殖民主义。

3. 受迪奥普理论启发的与后殖民体系开展斗争的有效战略

迪奥普关于历史上革命成败的原因和条件的理论，有助于我们更好地理解为什么后殖民时代非洲进步运动迄今未能结束后殖民掠夺者的统治，导致非洲社会仍处于历史的边缘地带。③

事实表明，非洲进步运动无力使非洲大陆摆脱后殖民掠夺者的枷锁，无法摆脱那些为自身利益剥夺非洲财富和公民权的非洲和外国政治经济行为体的桎梏，这是因为力量关系不利于非洲进步运动。相比于后殖民掠夺者的联盟和国际协调，非洲进步运动的行动者相互孤立，使得非洲进步运动联盟与对手的联盟无法形成对峙，以协调其在非洲大陆的政治行动。

从这一点来看，正如迪奥普所教导我们的那样，只有采取协调整个大陆政治行动的战略，才能使力量关系有利于非洲进步运动的

---

① Cheikh Anta Diop, La lutte en Afrique noire, in *La voix de l'Afrique noire*, bulletin mensuel de l'association des étudiants RDA, Paris, mai-juin, 1953, pp. 9 – 14.

② Cheikh Anta Diop, La lutte en Afrique noire, in *La voix de l'Afrique noire*, bulletin mensuel de l'association des étudiants RDA, Paris, mai-juin, 1953, pp. 9 – 14.

③ 后殖民掠夺者是指非洲或外国的政治行为体和经济经营者，他们的利益建立在非洲被剥夺财富和公民自由的基础上。

成员，对后殖民掠夺者形成制约。

因此，关键问题是，如何在整个非洲大陆成功地协调非洲进步运动的政治行动？我们认为，解决办法是一种独特的策略：创建非洲联邦政党（Parafedem）。下面我们进行详细分析。

4. 受迪奥普理论启发的有效战术

事实上，后殖民掠夺者在整个大陆而不是在个别国家协调行动。因此，必须针对后殖民掠夺者行动的大陆协调，来建立非洲进步运动行动的大陆协调。

从这一点来看，非洲进步运动联盟必须在非洲人民拥有的所有领土之上开展政治行动，即整个撒哈拉以南非洲。因此，联盟必须在非洲人民拥有的地理空间内组织其政治行动。这是一个巨大的困难。如何在一个面积超过中国、美国、俄罗斯和欧盟的大陆上协调进步的政治行动？切·格瓦拉在非洲遇到了这个问题，并放弃了向非洲出口革命。迪奥普自殖民时期就意识到了这个问题，并给我们留下了一个理论，使我们能够找到解决办法。

事实上，迪奥普的研究已经清楚地表明，在单一城邦国家协调政治行动是多么容易，在多城邦构成的国家却是如此之难。当政治行动必须在一个大陆的层面上进行协调时，这项任务的难度就更大了。但是，只要坚持迪奥普的思想，就可以克服困难协调整个大陆的政治行动。因此，问题是非洲进步运动如何协调其在整个非洲大陆的政治行动？

我们认为，非洲的进步运动可以通过成立非洲大陆政党来实现这种协调。这个政党将通过建立国家分支来组织非洲社会的协作网络，所有分支都有一个共同的政治目标。美国之所以成为今天的美国，是因为联邦党派在每个州都建立了分支机构，而所有分支都有一个共同的政治目标：独立、联邦主义、民主和自由主义。

这是联邦政党模式在非洲提供的解决方案。“Parafedem”的全称是“Parti pour la renaissance africaine，le fédéralisme et la démocratie”，即“非洲复兴联邦主义民主党”，政党的目标是通过选举在所有非洲国家获得政治权力，并以非洲大陆社会网络的形式组织起来，建立国别分支，而所有分支都有一个共同的政治目标：联邦主义、民主和非洲复兴。因此，联邦政党的目标是通过普选在所有非洲国家获得政治权力。获取政权被认为是实现联邦制、民主和非洲复兴三大目标的最有效途径。因此，该模式要求就一项有效的政治议程达成共识，以便围绕非洲联邦制、民主和非洲复兴这三个目标建设现代非洲的未来。因此，非洲联邦政党模式具有相当大的优势，它将使非洲的进步运动能够掌控国家这一政治机器，这是一切努力改变社会生活条件的运动都必须实现的目标。

事实上，国家是人类社会为组织和管理其历史演进而发明的最强大的工具。如果一个群体要改变一个社会的政治、经济、教育、技术和科学体系，就必须掌控国家权力。只有掌握国家机器，才能改变全社会的生存条件。然而，为了以暴力以外的方式获得政治权力，必须由一个组织通过宣传使大多数选民支持其理想。这个组织可以被称为政党、协会、团体、俱乐部等。例如，17 世纪的曼丁戈人（les Mandingues）称之为协会（Ton）。同一时期，欧洲人称之为俱乐部，如法国大革命时期的斐扬俱乐部（club des feuillants）。19 世纪，欧洲的政治团体使用了“政党”这个词。似乎是社会主义者和马克思主义者普及了政党的概念。20 世纪中叶，刚果人安德烈·马祖阿（André Matsoua）称之为“友好组织”（organisation amical）。现在世界上大多数国家都称之为政党。

因此，政党不是欧洲独有的现象。在所有国家，只要存在竞争对手之间的权力竞争，就有政治党派。所有国家和文明中都有政党。它们可能不使用政党之名，但它们都有一个共同的目标：通过一个组织来获得权力，而这个组织具有两个特征：组织纪律和组织凝聚力。这两个因素保障其行动效率。组织纪律意味着所有成员承诺按照领导层的指令行事。如此可以避免混乱和争吵。组织凝聚力意味着所有成员都拥有相同的政治信仰和社会计划。这避免了浪费时间的空谈和意识形态分歧导致分裂而造成衰弱。

众所周知，非洲进步运动由民主党、泛非主义者、非洲中心主义者和复兴力量组成。非洲联邦政党模式将大幅度减少非洲进步运动内部的争论，使其能够更有效地在联邦制、民主和非洲复兴这三个共同目标构成的共同平台上协调全大陆行动。

我们还知道，迄今为止，非洲进步运动阵营的特点是对后殖民时代非洲政府和西方国家猛烈的话语攻击。然而，现在是时候让这个阵营从空谈转向建设性行动了。建设性行动是指在新的国家形式、政治制度、经济制度、教育体系、技术和科学基础设施的框架内组织非洲社会的行动。然而，只有非洲进步力量成功地获取政治权力，这种建设性的行动才有可能。只有掌握国家工具，政治团体才能改变社会的生存条件。

为了实现这一目标，非洲进步力量可以采取有效的策略。在所有非洲国家，非洲进步阵营的成员都必须在非洲联邦政党的框架内组织起来，并通过参加总统、议会和市政选举登上非洲的政治舞台。在每一次选举中，各国的非洲联邦政党将在非洲大陆层面协调其政治行动，并将迪奥普的政治思想作为选举纲领和执政方案开展竞选活动。一旦非洲联邦政党的所有国家分支通过选举在该国获得权力，那么各国非洲联邦政党分支就可以签署一项联邦条约，宣告非洲合众国的诞生。因此，非洲联邦不是在军事独裁者的皮靴下建立起来的，而是通过由非洲联邦政党管理的非洲各国之间缔结的联邦条约建立起来的。当这样一个国家赋予其对国际和国内环境采取行动的能力，非洲进步阵营才能通过执行迪奥普的政治原则，切实改变非洲人民的生存条件。

因此，我们必须围绕迪奥普的政治指导方针动员起来，在非洲联邦政党的框架内开展政治组织工作，以通过投票获得政治权力为目标，在市政、立法和政府各层级运用迪奥普的政治思想。只有这样，非洲进步阵营才能改变非洲人民的生存条件。这个阵营现在必须放弃空谈，投身于非洲政治舞台。任何其他的策略都会让我们成为自己历史的旁观者。我们必须成为我们自己历史的主角。为此，我们应停止呼吁得到应有的权利和谴责我们的对手，而要去行使自己的权利和战胜我们的对手。这是哲学家玛西恩·托瓦（Marcien Towa）向我们传达的主要信息。

玛西恩·托瓦感到遗憾的是，在后殖民时代的场景中，非洲政治斗争的姿态仍然是反殖民斗争的姿态。他写道："要求主动权、人格权、独立命运权，并要求殖民主义者接受以上权利的意识形态，一旦政治主权得以实现，它也就抵达了终点。因为独立这一法律行为即是对以上权利的庄严承认。因此，问题不再是承认一项权利，而是行使这项权利。对大多数黑人来说，法律文本分歧的时代已经结束，要求承认黑人尊严的时代也已经结束。我们现在必须采取行动，通过各种成就来实现非洲人的尊严。"

因此，玛西恩·托瓦呼吁非洲人超越争取权利的政治姿态，去采取建设性的政治姿态。他呼吁我们超越狭隘的政治立场，迈开前进的政治步伐。他写道："在我们的主动权得到承认之前，彪炳我们作为人类一部分的文化和哲学独创性，将之作为我们主张独立自主的论据，是有意义的，因为我们宣称自己所拥有的重要而不可替代的东西，只有在我们成为自己、并对自己的命运负责的时候，才能被带给世界。坚信我们是人类社会不可或缺的一部分，这就可以大大激发解放斗争的活力和热情，并在西方国家中得到理解支持。这一切还只是停留于表面，但是当我们正式获得成为自己的权利时，问题就会发生根本性的变化。宣扬我们文化的丰富、辉煌和独特性意味着一个承诺:如果我们对自己负责,我们将能够做什么,我们将为世界文明做出什么贡献?获得政治主权意味着我们必须履行这一承诺。然而,时间流逝,我们却无法做到这些:我们只能走这条道路吗?"

面对非洲人在后殖民时代仍坚持的过时政治立场,玛西恩·托瓦呼吁非洲人跨越建设性或战斗性行动的卢比孔河(Rubicon)[①],建设性行动会让历史行为体克服自身的缺陷,以一个为自身存在创造物质和非物质条件的建设者形象出现在世界面前。托瓦写道:"因此,我们必须采取更有力和更深刻的行动。因为我们现在需要关注的是我们的不足,而不是我们的财富和机会。我们所拥有的不仅是全世界所期望的价值,还有巨大的弱点。这些弱点是我们失败的原因,也是我们目前遭遇困难的很大一部分原因。我们不能指望用话语来建立一个完整的文明,来创造一个完整的世界,我们必须用自己的身心去创造。"[②]

此言甚是。我们必须用自己的身心去创造。对玛西恩·托瓦来说,这就意味着从言语转向行动,运用我们的能力来分析面临的挑战,并制定相应的解决方案,以使我们真正具有改变现实的能力。托瓦借此明确了非洲进步阵营必须放弃空谈倾向,最终致力于能够对我们的状况产生真正影响的行动。

非洲青年和非裔青年必须响应玛西恩·托瓦的呼吁,以履行我们在独立斗争中所做的承诺。正如玛西恩·托瓦所说:"当我们正式获得成为自己的权利,问题就发生了根本性的变化。强调我们文

---

① 译者注:卢比孔河是意大利北部的一条河流,在罗马共和国时代是山南高卢(阿尔卑斯山以南到卢比孔河流域之间的意大利北部地区)与意大利的界河。罗马法律禁止在外征战的军官带着军队跨越这条河进入罗马本土,否则就会被视为叛逆,但是恺撒率军渡过此河,夺取了最高权力,使罗马开始从共和制向帝国制转型。因此"跨越卢比孔河"有"破釜沉舟"之意。

② Marcien Towa, *Essai sur la problématique philosophique dans l'Afrique actuelle*, CLE, Paris, 1979, p. 38.

化的丰富、辉煌和独特性，其实只是一个承诺：如果我们掌握了自己命运，将能够做些什么，我们将为世界文明做出什么贡献？获得政治主权要求我们必须履行这一承诺。”为了履行这个承诺，迪奥普的政治思想是一个理想的杠杆。它向我们提供了推动非洲社会走向现代非洲未来的有效政策。但要实施这些政策，我们必须获得国家权力。为了获得国家权力，我们只有一个选择：在非洲联邦政党的框架内参加市政、立法和总统选举。

非洲联邦政党是一种政党形式，它将使我们能够协调在非洲大陆层面的政治行动，这是我们政治计划的真正层级。奥马尔·布隆丁·迪奥普[①]（Omar Blondin Diop）的兄弟迪亚洛·迪奥普（Dialo Diop）在2020年3月30日的《塞内加尔资讯报》（*Seneplus*）中阐述了迪奥普的观点，值得我们思考，他说：“摆脱非洲各运动所处的孤立状况，使斗争具有大陆性，这似乎是打破非洲政治目前僵局的最可靠途径……一旦这种协调存在，力量关系将发生深刻变化。这是一切的关键。我们将控制局势。”

所以，让我们勇往直前。让我们敢于再次掌握我们的历史命运，在非洲联邦政党的框架内，在奥普政治思想的旗帜下，组织我们在整个大陆的政治行动的协调。为了实现我们的目标，我们要避免让迪奥普成为披着古埃及问题争议外衣的木乃伊，要通过彰显其政治思想的光芒赋予迪奥普以新的生命。只有他的政治思想赋予了对古埃及的参照以意义。如此，我们将给予迪奥普应有的地位，他是未来非洲文明的伟大启发者。让我们向迪奥普敞开通往伟大复兴（Uhemmesut）的道路，按照他的政治原则去改变我们的现实。

---

① 译者注：奥马尔·布隆丁·迪奥普（1946—1973），西非反殖民主义者，艺术家。

结　语

对事实的观察表明，意识形态和神话传说发源于客观实际，一切社会的建设和存续都建立在这一精神世界之上。精神世界使其能够动员社会成员参与到社会计划当中来，致力于推动社会走向一个有能力为自己的生存创造物质和非物质条件的未来。

20 世纪 60 年代到 80 年代，非洲人民的政治想象建立在开国元勋的神话和发展意识形态的基础上。从 20 世纪 90 年代开始，这种神话和意识形态在结构调整计划的冲击下崩溃。非洲人民面临着意识形态和神话上的真空，不幸的是，非洲进步阵营未能填补这一真空。因此，非洲的政治想象现在没有任何政治乌托邦和希望的支撑，关于现实的意识形态和神话表述陷入虚无。

然而，政治和社会想象就像大自然一样，厌恶空虚。如果非洲进步阵营不致力于填补非洲社会目前存在的意识形态和神话真空，其他人将取而代之，引导非洲社会围绕其思想统治者的利益和计划进行思考。伊斯兰原教旨主义者已经在做这件事，他们动员着数量越来越大的非洲人口。这也是福音派教会所做的，他们对非洲社会的影响现在甚至达到了国家的高度。今天，福音派牧师和原教旨主义伊玛目从意识形态和神话的角度引导着非洲人民。他们对非洲人民精神世界的控制是如此之大，以至于政治家们意识到，为了在选举中掌控非洲社会的精神世界，他们的权力必须借助神明的力量来得到合法化。他们清楚地认识到，这是使政治权力合法化的新机会。因此，我们越来越多地看到，当权者通过坚持所有权力天授的信条，使他们作为国家领导人的地位合法化。我们甚至听到一些社会主义国际的人说，所有的权威都来自神明。

今天，唯一可以替代非洲福音派、伊斯兰和发展主义原教旨主义者神话话语幻影的可靠选项是迪奥普的政治思想。因此，非洲进步阵营必须通过动员非洲人民学习迪奥普的政治思想，重新获得他们的政治和社会想象力，否则其他政治力量将动员他们，并设计出一个与非洲各国人民的真正利益无关的政治计划。因此，非洲进步阵营除了发起非洲中心主义攻势，捍卫文化阵地，还必须根据迪奥普的政治思想，致力于在非洲政治舞台上开展攻势。

这一政治思想对后殖民时代的非洲青年吹响了号角。它目标明确，呼吁年轻人放弃他们经常表现出来的反对新殖民主义和帝国主义的空洞革命逻辑。这种空洞的逻辑使年轻人搞错了战斗的内容，并在原地打转，导致他们远离了真正的战场。例如，在选举舞台上，非洲青年可以在非洲联邦政党[①]的框架内争夺政治权力。只有通过民主选举获得这一权力，他们才能掌握将迪奥普的政治原则转化为行动的唯一工具：对国家机器的控制。只有这样，青年才能为自己建设一个现代非洲的未来。[②] 然而，为了实现这一目标，他们必须放弃革命逻辑，转而致力于建设性的行动：执行迪奥普的政治指引。

现在是我们非洲人放弃空洞的思想斗争而致力于建设性斗争的时候了。现在是时候让泛非主义、民主和非洲中心主义的支持者团结起来，组成一个非洲联邦政党，通过选举获得政治权力，以执行

---

① 关于泛联盟概念，参见本章第十二节。

② Do Nascimento José：Sur la portée opératoire de l'œuvre de Cheikh Anta DIOP, in *NOMADE*, *Revue culturelle*，n° spécial 1 – 2，Cheikh Anta DIOP，Paris，1989，pp. 286 – 298.

迪奥普的政治指引。这就是为什么我们必须熟悉迪奥普的政治思想。这就是本书的创作起源。

我们想对非洲青年说，这本书可以让你们接触到迪奥普的核心政治思想。请你们将这一思想引入非洲的政治和媒体辩论。请记住，根据迪奥普的说法，“事情不是靠事情本身的力量来完成的，而是因为有人在行动”，所以，请行动起来，参加全国泛联邦选举，将迪奥普的政治思想转化为市政、议会和政府的政策。让我们通过选举赢得政治权力，使非洲再次成为一块物质繁荣、政治自由、精神祥和、科技进步的土地，重新成为一块有利于发挥历史主动性的土地。这就是非洲复兴计划。